Araweté

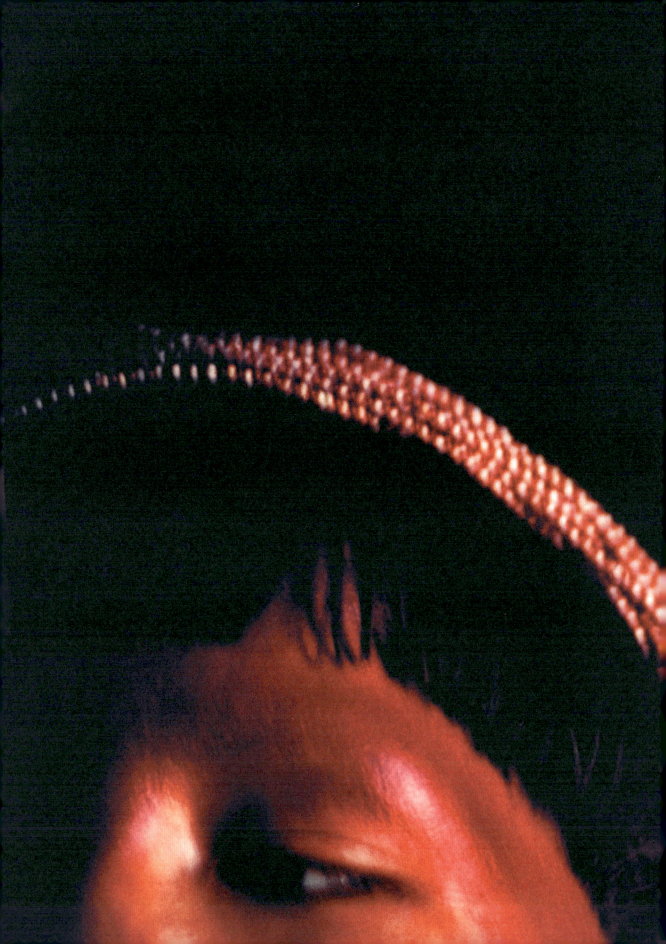

SERVIÇO SOCIAL DO COMÉRCIO
Administração Regional no Estado de São Paulo

Presidente do Conselho Regional
Abram Szajman
Diretor Regional
Danilo Santos de Miranda

Conselho Editorial
Ivan Giannini
Joel Naimayer Padula
Luiz Deoclécio Massaro Galina
Sérgio José Battistelli

Edições Sesc São Paulo
Gerente Iã Paulo Ribeiro
Gerente adjunta Isabel M. M. Alexandre
Coordenação editorial Francis Manzoni, Clívia Ramiro,
Cristianne Lameirinha, Jefferson Alves de Lima
Produção editorial Maria Elaine Andreoti, Bruno Salerno Rodrigues
Coordenação gráfica Katia Verissimo
Produção gráfica Fabio Pinotti
Coordenação de comunicação Bruna Zarnoviec Daniel

Apoio

Araweté
Um povo tupi da Amazônia

Eduardo Viveiros de Castro
Camila de Caux
Guilherme Orlandini Heurich

3ª edição revista e ampliada

11 Cosmogonias errantes
Danilo Santos de Miranda
13 Prefácio
Beto Ricardo
17 Introdução
23 Chave de pronúncia das palavras araweté

O mundo

Os Araweté
31 O povo do Ipixuna
35 Os araweté perdidos
37 O território
41 A língua

O modo de vida
47 A subsistência
55 O arco, o chocalho e a cinta
59 Os trabalhos e os dias
65 Uma excursão à floresta

O quadro da vida
71 Casas e pátios
75 Um dia na estação seca
79 A ação coletiva: os *tenotã mõ* e os *tã ñã*
83 Como a Funai vê os Araweté

A cauinagem
87 A festa
90 Os valores simbólicos da cauinagem

As relações sociais
97 O parentesco
105 A amizade
109 As idades
119 Os nomes

A religião araweté
125 A morte
127 Os pajés
130 Um canto de pajé

Os Araweté e o futuro
139 Havendo-se com os brancos
143 Os Araweté hoje
145 Mogno: novo pau-brasil, velha rapina

Trinta anos depois
154 Casas, pátios, aldeias
Camila de Caux
174 Cantos e mercadorias
Guilherme Orlandini Heurich

Apêndices
194 População
207 Cronologia do contato Araweté
211 Alguns depoimentos sobre o contato
217 Fontes de consulta sobre os Araweté
225 Créditos das imagens
226 Sobre os autores

Cosmogonias errantes
Danilo Santos de Miranda
Diretor do Sesc São Paulo

Buscando valorizar e dar visibilidade ao povo indígena Araweté, nos anos 1990 foi realizada a primeira exposição de fotos sobre essa etnia, no Centro Cultural São Paulo (SP). A ela se seguiu a publicação de parte dos resultados da pesquisa do antropólogo Eduardo Viveiros de Castro, realizada na década de 1980, apenas cinco anos após os primeiros contatos dos Araweté com os brancos.

De agosto a novembro de 2015, o Sesc São Paulo realizou, na unidade Ipiranga, a exposição *Variações do corpo selvagem*, com curadoria de Veronica Stigger e Eduardo Sterzi, apresentando uma série de fotos produzidas por Viveiros de Castro em suas incursões entre povos indígenas da Amazônia. Na ocasião, representantes araweté foram convidados a visitar o evento, da mesma forma como ocorrera na década de 1990.

Esta edição, revista e ampliada com dois novos capítulos dos antropólogos Camila de Caux e Guilherme Orlandini Heurich sobre a condição atual dos Araweté, celebra os trinta anos dos primeiros registros sobre seu aparecimento e disponibiliza ao público uma obra fundamental da antropologia contemporânea. Nela há muitas das imagens apresentadas na exposição do Sesc Ipiranga, além de fotografias inéditas que retratam a vida da tribo neste início de século.

A pesquisa minuciosa de Viveiros de Castro nos oferece informações sobre a língua, os aspectos da interpretação do espaço que ocupam entre o céu e a terra, os rituais de caça, as características da alimentação, as relações afetivas, sexuais e reprodutivas, a relevância da agricultura como base da alimentação, o xamanismo, as posições hierárquicas na tribo, entre outros aspectos da vida que são de fundamental importância para a existência de índios, não índios, mestiços e toda a sorte de culturas errantes que compõem o Brasil.

Da mesma forma que a primeira edição deste livro surgiu com o propósito de aproximar o grande público ao modo de vida araweté, a presente iniciativa do Sesc visa contribuir para a valorização da diversidade cultural brasileira, procurando tornar conhecidas e respeitadas as cosmogonias ancestrais de diversos povos indígenas.

Para o Sesc São Paulo, o respeito à pluralidade cultural, em termos constitucionais e morais, é condição *sine qua non* para a cidadania de quem há muito vive nestas terras e de quem aporta com expectativas e visões de mundo. Entre os que vêm e os que ficam se reelabora a identidade brasileira.

Prefácio
Beto Ricardo

[1] A exposição esteve aberta ao público entre 8 de outubro e 8 de novembro de 1992 no Centro Cultural São Paulo, organizada pelo Programa Povos Indígenas no Brasil, do Cedi, em copatrocínio com a Secretaria Municipal de Cultura de São Paulo. Reunia fotografias de Eduardo Viveiros de Castro, Beto Ricardo e Murilo Santos, pinturas e desenhos de Rubens Matuck, objetos dos Araweté, vídeos de Murilo Santos, trilha sonora do Pau-Brasil, textos e imagens de satélite, organizados em quatro ambientes: *A floresta, A aldeia, Os deuses e os outros* e *Documentação*, com a curadoria de Rosely Nakagawa.

Quando subimos o rio Xingu e depois o Ipixuna, saindo da cidade de Altamira, no Pará, durante as chuvas de março do tardio inverno de 1992, o objetivo era reencontrar os Araweté e concluir os registros para uma exposição multimídia que seria instalada na cidade de São Paulo alguns meses depois. Este livro não estava na pauta dos produtos previstos para o evento. Afinal, o antropólogo Eduardo Viveiros de Castro, do Museu Nacional (UFRJ), já havia publicado sua tese de doutorado, *Araweté: os deuses canibais* (Zahar/Anpocs, 1986), uma monografia admiravelmente bem escrita, que deu feição própria aos povos tupi dentro da etnologia sul-americana e mundial e se transformou em leitura obrigatória para os especialistas. O interesse da comunidade acadêmica internacional pelo trabalho levou a editora da Universidade de Chicago a publicar *From the Enemy's Point of View* (1992), uma versão em inglês da pesquisa.

Não fosse pelo tratamento editorial e gráfico modesto dessas edições, sobretudo diante da alta qualidade dos registros fotográficos do autor, seria possível considerar que a obra estava acessível ao público. Porém, durante o processo de finalização da exposição *Araweté: visão de um povo tupi da Amazônia*, ficou claro que não era bem assim. Sobretudo durante o período em que a exposição esteve instalada no Centro Cultural São Paulo[1], onde foi vista por mais de 15 mil pessoas, constatamos que havia um público não especializado interessado em saber mais sobre os Araweté, além do que informavam as oito páginas do catálogo.

Aí nasceu a ideia deste livro, escrito e editado em dois meses (*Araweté: o povo do Ipixuna*, Cedi, 1992) com o objetivo de tornar acessível a um público mais amplo uma versão condensada da extensa pesquisa antropológica realizada pelo autor ao longo dos anos 1980, acompanhada de uma edição fotográfica que contemplasse a boa qualidade do material disponível. Além da linguagem direta, algumas novidades foram acrescentadas ao texto, incorporando informações obtidas nas duas viagens que a equipe da exposição realizou a Belém, Altamira e Ipixuna, em 1991 e 1992.

Assim, este livro se distingue das publicações anteriores do autor sobre os Araweté e se integra à perspectiva de trabalho que elaboramos conjuntamente em 1990 – incluindo uma exposição, a produção de um vídeo documentário, a divulgação de informações através da mídia e ações judiciais – para acompanhar a situação dos Araweté e intervir em favor dos seus direitos coletivos, diante do assédio de empresas madeireiras interessadas no mogno existente no seu território não demarcado.

Desde então, várias novidades aconteceram. Em janeiro de 1992, dois jovens araweté vieram a São Paulo e ao Rio de Janeiro, pela primeira vez, convidados por nós. Em abril de 1992, os Araweté e o contexto regional de exploração ilegal de mogno em áreas indígenas chegaram ao público através de matérias de destaque escritas pelo jornalista Leão Serva (convidado pelo Cedi para visitar o Ipixuna) e publicadas pelo jornal diário *Folha de S. Paulo*. Em maio de 1992, o governo federal, finalmente, reconheceu o território araweté, com extensão aproximada de 940 mil hectares.

Não obstante, nos meses que se seguiram, empresas madeireiras voltaram a invadir o território araweté para roubar árvores de mogno. Os danos ambientais foram avaliados com base em imagens de satélite e por uma perícia técnica feita no local por engenheiros florestais contratados pelo Cedi e em colaboração com a Administração Regional de Altamira da Fundação Nacional do Índio (Funai), órgão do Ministério da Justiça. No dia 15 de janeiro de 1993, a juíza Selene Maria de Almeida, da 4ª Vara Federal de Brasília, acolheu a ação civil pública movida pelo Núcleo de Direitos Indígenas (NDI), organização não governamental com sede na capital federal, e concedeu uma liminar inédita determinando a imediata suspensão das atividades madeireiras na Terra Araweté, a retirada pelas empresas dos seus equipamentos e trabalhadores e a interdição das estradas de acesso e pistas de pouso clandestinas, bem como a instalação de barreiras de vigilância, pela Funai e pelo Ibama.

Em julho de 1993, o governo federal assinou um convênio com o Cedi para a demarcação física da Terra Indígena Araweté, a qual foi de fato iniciada em abril de 1994 e concluída um ano depois.

Em 2000, foi publicada uma versão revista pelo autor de *Araweté: o povo do Ipixuna* (Museu Nacional de Etnologia de Portugal e Editora Assírio & Alvim).

Os Araweté continuam em franca recuperação demográfica, apesar da forte epidemia de varicela que os acometeu no segundo semestre de 2000. Em maio desse ano somavam 296 indivíduos, todos ainda residentes numa única aldeia, à beira do igarapé Ipixuna. A região na qual está situada a Terra Indígena Araweté tem sido alvo de empresas madeireiras ilegais e encontra-se na zona de impacto da mega-hidrelétrica de Belo Monte, na Volta Grande do Xingu. A partir de 2010, os Araweté começaram a receber recursos da Norte Energia, empresa responsável pela obra. Em 2013 somavam 452 (Siasi-Sesai) distribuídos em seis aldeias, três das quais na beira do Xingu.

Em outubro de 2015, com apoio do Sesc, doze araweté vieram a São Paulo para visitar a exposição fotográfica *Variações do corpo selvagem: Eduardo Viveiros de Castro, fotógrafo*, instalada na unidade Ipiranga. A ocasião da mostra ensejou uma nova edição ampliada deste livro, agora denominado *Araweté: um povo tupi da Amazônia*.

Introdução

Conheci os Araweté em 1981, quando eles tinham apenas cinco anos de contato oficial com os brancos. Fui para a aldeia desse povo de língua tupi, situada no igarapé Ipixuna, afluente do médio Xingu (Pará), realizar uma pesquisa etnográfica prévia à elaboração de uma tese de doutorado para o Programa de Pós-Graduação em Antropologia Social do Museu Nacional (UFRJ). Morei com os Araweté por dois meses em 1981, nove meses em 1982-1983, um mês em 1988, um mês em 1991 e um mês em 1992. Minha tese, redigida a partir dos primeiros onze meses de campo, foi defendida em 1984 e publicada em 1986. Em 1992, ela foi publicada em inglês, numa versão revista e bastante modificada; entre outras coisas, as modificações refletem a rápida visita ao Ipixuna em 1988. A parte de minha autoria no presente livro – agora, em sua terceira edição, em coautoria com Camila de Caux e Guilherme Orlandini Heurich – é uma adaptação dessas duas edições de minha tese. O leitor que desejar aprofundar seu conhecimento dos Araweté deve consultá-las, bem como, sobretudo, consultar as teses recentes, baseadas em pesquisas feitas em 2011-2013, dos dois coautores.

Um pouco da história do livro. Em 1990, meu amigo Beto Ricardo, do Programa Povos Indígenas do Centro Ecumênico de Documentação e Informação (Cedi) – programa que veio a ser a célula-mãe do Instituto Socioambiental (ISA) – sugeriu que realizássemos uma exposição sobre os Araweté, para divulgar ao público não especializado o que eu havia escrito em minha tese e a documentação fotográfica que recolhera. Esse projeto se vinculava a outras intenções mais importantes; os Araweté jamais chegaram a ocupar muito espaço na imprensa nacional, e menos ainda na internacional. Após as notícias do contato da Funai com índios de olhos verdes no rio Ipixuna, em 1976, os Araweté – que, aliás, não têm olhos verdes nem se autodenominam Araweté – sumiram da grande imprensa, fazendo uma curta reaparição em fevereiro de 1983, quando foram atacados pelos Parakanã. Desde então, viveram em razoável esquecimento mediático e relativa paz local, até a chegada devastadora do complexo hidrelétrico de Belo Monte, que transformou – o verbo exato é transtornou – radicalmente a vida dos povos indígenas e tradicionais do médio Xingu. Na época em que Beto teve a ideia da exposição, entretanto, já começava a ficar claro que a tranquilidade do grupo estava ameaçada. Frente à indiferença do governo quanto à demarcação do território araweté, frente ao avanço das companhias madeireiras que pouco a pouco iam invadindo o território e roubando suas reservas de mogno, urgia tornar os Araweté visíveis à consciência urbana e, ao mesmo tempo, dar-lhes condições de conhecer e avaliar o modo de vida dos brancos distantes, habitantes daquelas cidades de onde vinham os objetos hoje indispensáveis ao seu modo de vida: facões, machados, panelas, espingardas, motores...

Paralelamente à exposição, pensamos em realizar um estudo sobre as concepções e os usos araweté de seu território e dos recursos ali existentes, bem como uma avaliação dos estragos causados pelas madeireiras. Auxiliados por especialistas, começamos um levantamento preliminar dos materiais disponíveis. Essa retomada de meu trabalho com os Araweté, agora não mais como estudante de pós-graduação pesquisando sozinho, e sim como parte de uma equipe, exigia um retorno ao Ipixuna, onde não pisava havia dois anos.

Apenas em fins de 1991, no auge da estação seca, conseguimos fazer nossa primeira viagem, e eu pude restabelecer meus laços com os Araweté e começar o registro de sua vida atual para a exposição. Em março de 1992, no período das chuvas, realizamos a segunda viagem. Nessa ocasião, pudemos mostrar a toda a aldeia o vídeo-filme (dirigido por Murilo Santos) que havíamos feito na viagem anterior, bem como materiais sobre outros grupos indígenas. Foi então também que trouxemos de lá uma coleção de objetos, trocados por mercadorias solicitadas pelos Araweté, que formaram o núcleo da exposição.

Entre as duas viagens da equipe ao Ipixuna, Kãñinadï-no e Mãmãñayo-kãñi-no, dois jovens de seus vinte e poucos anos, que conheci ainda meninotes em 1981, vieram até o Rio de Janeiro e São Paulo conhecer essas cidades, nossas famílias e nosso modo de vida. Essa foi a primeira vez que os Araweté estiveram no sul do país. A maioria conhecia, então, apenas Altamira, cidade do Xingu onde está a sede regional da Funai, para onde vão em tratamento médico; alguns conheciam Belém, aonde foram pela mesma razão. A visita ao Rio e a São Paulo foi importante para marcar o início de um processo de intercâmbio cultural mais amplo entre os Araweté e a sociedade que os cerca. É fundamental, para que possam elaborar uma defesa eficaz de suas terras e modo de vida, que eles conheçam algo além do que a fronteira predatória da Amazônia pode lhes mostrar – algo, em suma, a respeito dos verdadeiros centros materiais e decisórios de controle dessa fronteira predatória, localizados ou originados no Sul e Sudeste do país. (Falta-lhes ainda conhecer também Brasília, salvo engano meu.)

Em maio de 1992, uma boa notícia estava reservada aos Araweté: seu território foi delimitado pelo Ministério da Justiça para fins de demarcação, segundo os limites que vinham sendo propostos havia pelo menos dez anos. Tal medida só se traduziu nas providências adicionais indispensáveis, ou seja, na demarcação efetiva e posterior homologação de uma área de 940 mil hectares, em 1996. As políticas indigenistas dos governos posteriores, se não chegaram a ameaçar a segurança jurídica da posse araweté, tampouco se mostraram eficazes, bem ao contrário, em garantir a autonomia sociocultural desse povo. O cerco aos índios por agentes da sociedade nacional que desejam suas terras ou suas almas – as

madeireiras clandestinas que andaram (andam?) por lá, os missionários fundamentalistas que entraram solertemente na área por volta de 1998 e os planos "emergenciais" de "assistência" implementados pelo Consórcio Construtor de Belo Monte; em suma, um conjunto de influências de formidável potencial etnocida – o cerco, dizia eu, continua, e cada vez mais intenso. O futuro dos Araweté, como o de todos os demais grupos indígenas brasileiros, é um futuro de luta, incerteza e perigo.

A exposição *Araweté: visão de um povo tupi da Amazônia* foi inaugurada no dia 8 de outubro de 1992, no Centro Cultural São Paulo, sob o patrocínio do Cedi e da Secretaria Municipal de Cultura de São Paulo. O trabalho de levantamento das atividades das madeireiras e de fiscalização das fronteiras do território araweté foi conduzido pela então nova administração da Funai em Altamira com o apoio do Cedi e do Núcleo de Direitos Indígenas. O livro que ora se lê foi publicado originalmente em 1992 e, como relata o prefácio de Beto Ricardo, reeditado com algumas atualizações em 2000, em Portugal. Em ambos os casos, a publicação estava associada a uma exposição sobre povos indígenas, como, aliás, esta presente edição, cujo contexto também já foi brevemente evocado no prefácio.

O livro que se tem diante dos olhos difere consideravelmente das edições anteriores – é um novo livro –, porque, desde então, "muita água correu debaixo da ponte". Ou melhor, deixou de correr, com o barramento do Xingu pela hidrelétrica de Belo Monte, e com as consequências dramáticas que a entrada brutal do "desenvolvimento" capitalista no Médio Xingu acarretaram para a vida de todos os povos da região, consequências que inexoravelmente se intensificarão nos anos vindouros.

Trinta anos se passaram entre minha primeira visita aos Araweté e as pesquisas de Camila de Caux e Guilherme Orlandini Heurich, meus orientandos de doutorado no Museu Nacional. Eles retornaram ao Ipixuna – e ao Xingu, pois "O povo do Ipixuna", título das primeiras edições, torna-se cada vez mais um "povo do Xingu", tendo se aproximado das margens do grande rio e, por essa via, da paisagem geral da Amazônia contemporânea – para aprofundar, corrigir, propor visões inovadoras em relação a um trabalho etnográfico já antigo, bem como para testemunhar as mudanças ocorridas na vida econômica, social e espiritual desse povo absolutamente singular. *Araweté: um povo tupi da Amazônia* deve, portanto, ser lido como um díptico separado por trinta anos: uma parte escrita a partir da situação dos Araweté em 1981-1983 e outra em 2011--2013. Ele oferece assim uma perspectiva histórica original, permitindo uma visada comparativa relativamente rara na etnologia brasileira, sobretudo neste formato de, digamos, adjacência direta, ou encadernação conjunta, entre dois instantâneos da vida de um povo indígena.

Os capítulos escritos por Camila de Caux e Guilherme Orlandini Heurich acrescentam dados valiosos sobre a situação atual do povo Araweté, que não apenas triplicou (ou um pouco mais do que isso) sua população desde 1981 como soube fortalecer certas instituições centrais de sua forma de vida, por exemplo o xamanismo; por outro lado, os signos de uma possível desestabilização em curso dessa forma não podem ser ignorados. Minha impressão, ao contrastar os dois momentos do díptico, é de que ambos se localizariam em pontos de inflexão ou catástrofe na história do "contato" dos Araweté com o Estado nacional: em 1981, o trauma da adaptação dos Araweté a sua captura pelo dispositivo indigenista, com os correlatos usuais – depopulação súbita e dramática, epidemias periódicas, choque cultural, fixação territorial em torno de equipamentos permanentes (posto indígena, enfermaria, pista de pouso), familiarização com novas pautas técnicas, submissão geral à biopolítica da potência invasora; em 2011, o trauma da torrente monetária despejada de maneira criminosamente irresponsável pelo consórcio de Belo Monte (leia-se: pelo "projeto de aceleração do crescimento" imposto pela classe governante), o confronto cognitivo com o infinito aparente da mercadoria, a intensificação crescente das interações com a tragédia urbana que se tornou Altamira. Mas talvez todos os momentos da história de um povo indígena ao mesmo tempo "protegido" e sitiado pela sociedade invasora sejam de crise; e sempre se tem o mau pressentimento que desta crise, deste momento, eles não sairão ilesos. De fato, talvez não. Mas os Araweté têm sabido, até agora, resistir, ou, como prefiro escrever, *rexistir* em sua singularidade com admirável resiliência. Só o tempo dirá.

Não houve praticamente nenhuma modificação na parte do livro escrita por mim, em relação às edições anteriores. Algumas atualizações de dados censitários não puderam ser feitas, por falta de fontes confiáveis, uma vez pulverizada a administração indigenista com a perda de controle da Funai sobre aspectos como a saúde e a educação (essas palavras deveriam ser postas entre aspas, mas enfim) indígenas. A inclusão de imagens que registram os dois momentos da vida araweté separados por trinta anos pode dar uma ideia ao leitor do que mudou visivelmente nessa vida, nos dois sentidos que se pode dar ao advérbio. Mas o visível (por nós) é uma muito pequena parte do mundo araweté.

Uma palavra sobre a intenção, ou melhor, o destino desejado deste livro. Ele tem a ambição de vir preencher uma lacuna na bibliografia sobre os povos indígenas no país, normalmente polarizada entre a literatura infantil e a monografia ou o artigo acadêmico. Ele oferece uma descrição etnográfica precisa – não se trata aqui de um ensaio jornalístico ou de uma elaboração romanceada (sem demérito, bem entendido, para ambos os gêneros) –, mas de uma descrição que procura contornar o jargão técnico e a discussão conceitual especializada, de modo a permitir sua leitura por um público tão diversificado quanto possível. A ambição, em suma, é de dar a conhecer a quem se interesse pela riqueza e complexidade cultural dos povos brasileiros, em particular dos povos originários desta terra, uma manifestação singular dessa diversidade, a cultura araweté. Diversidade que em geral nos contentamos em celebrar em aberturas de Olimpíadas e outras cerimônias do mesmo quilate, mas que ignoramos objetiva e subjetivamente, para nossa vergonha, toda vez que batemos no peito e gritamos orgulhosamente "Brasil!".

Este livro é o resultado, por ter seu projeto de edição surgido em tal contexto, da exposição fotográfica *Variações do corpo selvagem*, realizada pelo Sesc São Paulo, sob a curadoria brilhante e generosa de Veronica Stigger e Eduardo Sterzi. A exposição foi inaugurada na unidade

Ipiranga em setembro de 2015, tendo ali permanecido até janeiro de 2016. Atualmente, ela se encontra em itinerância. A imensa maioria das fotos expostas, de minha autoria, retrata aspectos, momentos e pessoas araweté. Por isso mesmo, e porque Marina Herrero Ghezzo continua infatigável em sua determinação de abrir as portas do Sesc São Paulo – e, portanto, do imenso público a que ele serve de modo incomparável no Brasil (e o agradecimento vai aqui, naturalmente, para Danilo Miranda, maestro excepcional) – aos povos indígenas deste país, a exposição tornou possível que doze homens araweté visitassem São Paulo pela primeira vez, em outubro de 2015. Um deles foi Mãmãñãyo-kãñi-no, um dos dois então rapazes que vieram para a exposição de 1992. Todos os outros eram crianças pequenas, ou ainda não nascidos, quando fiz minha primeira e mais longa viagem aos Araweté. O caminho da memória que liga a exposição de 1992, que deu origem à primeira versão deste livro, e a exposição de 2015, que deu ensejo a este, fica, assim, demarcado.

Rio de Janeiro, agosto de 2016.

Chave de pronúncia das palavras araweté

A língua araweté não havia sido estudada por especialistas quando fiz minha pesquisa e escrevi este livro. Tive, entretanto, a ajuda inestimável da saudosa professora Yonne Leite para me desasnar o mínimo necessário na matéria tupinológica. Hoje dispomos de algumas teses sobre a língua de indiscutível utilidade, mas, ainda, de pequena profundidade.

A grafia aqui empregada não respeita o alfabeto fonético internacional, mas procura ser consistente. Os valores sonoros aproximados das letras são: as vogais *a*, *e*, *i* soam como no português brasileiro (o *e* em geral aberto); o *ɨ* soa como um *u* pronunciado sem arredondamento dos lábios; o *ï* soa como no inglês "bit", mas produzido com a ponta da língua voltada para baixo; o *o* soa como no inglês "but"; o til indica uma vogal nasal (todas as vogais podem ser nasalizadas). As consoantes *p*, *b*, *m*, *n* soam aproximadamente como em português; o *ñ* como o *nh* em português; o *k* como o *c* de "casa"; o *t* como em "tudo", mesmo diante de *i*; o *χ* soa como *tch* (como o *t* de "tio", no falar carioca); o *c* como *ts*; o *r* como em "caro", mesmo em começo de palavra; o *đ* como o *th* do inglês "that"; o *d* como em "body", na pronúncia americana; o *y*, *w* e *h* soam como no inglês "yes", "work", "home". O sinal ' entre duas vogais indica uma oclusão glotal suave, isto é, uma pequena pausa entre os dois sons separados por ele. A vogal tônica da maioria das palavras é a última; apenas quando este não é o caso, indica-se o acento por um traço sob a vogal: assim, por exemplo, *bïde* se pronuncia "bïdé", e *Mai* se pronuncia "Máï".

O mundo

No começo, os humanos (*bïde*) e os deuses (*Maï*) moravam todos juntos. Esse era um mundo sem morte e sem trabalho, mas também sem fogo e sem plantas cultivadas. Um dia, insultado por sua esposa humana, o deus *Aranãmi* decidiu abandonar a terra. Acompanhado por seu sobrinho *Hehede'a*, ele tomou seu chocalho de pajé e começou a cantar e a fumar. Cantando, fez com que o solo de pedra onde estavam subisse às alturas. Assim se formou o firmamento: o céu que se vê hoje é o lado de baixo dessa imensa placa de pedra. Junto com *Aranãmi* e seu sobrinho subiram dezenas de outras raças divinas: os *Maï hete*, os *Awerikã*, os *Marairã*, os *Ñã-Maï*, os *Tiwawï*, os *Awĩ Peye*, os *Moropinã*. Os *Iwã Pidĩ Pa* subiram ainda mais alto, formando um segundo céu, o "céu vermelho".

A separação do céu e da terra causou uma catástrofe. Privada de suas fundações de pedra, a terra se dissolveu sob as águas de um dilúvio: o jacaré e a piranha, monstruosos, devoravam os humanos. Apenas dois homens e uma mulher conseguiram se salvar, subindo num pé de bacaba. Eles são os *tema ipi*, a "origem da rama": os ancestrais da humanidade atual. Na convulsão provocada pelo dilúvio, alguns *Maï* procuraram escapar dos monstros afundando na água e criando o mundo inferior, onde habitam hoje, em ilhas de um grande rio subterrâneo.

"Estamos no meio", dizem os Araweté da humanidade. "Habitamos a terra, este patamar intermediário entre os dois céus e o mundo subterrâneo, povoados pelos deuses que se exilaram no começo dos tempos." As marcas da divisão do cosmos estão em toda parte: os morrotes de pedra que pontuam o território araweté são fragmentos do céu que se ergueu; as pedras do igarapé Ipixuna ainda guardam as pegadas dos *Maï*; as moitas de banana-brava espalhadas na mata são as antigas roças dos deuses, que comiam dessa planta antes de conhecer o milho. As plantas cultivadas e a arte de cozinhar os alimentos foram reveladas aos humanos e aos deuses por um pequeno pássaro vermelho da floresta.

Bïde, os humanos, são chamados pelos Araweté de "os abandonados", os que foram deixados para trás pelos deuses. Tudo que há em nosso mundo do meio é o que foi abandonado; para os céus foram os maiores animais, as melhores plantas, a mais bela gente – pois os *Maï* são como a gente, porém mais altos, mais fortes e imponentes. Tudo no céu é feito de pedra, imperecível e perfeito: as casas, as panelas, os arcos, os machados. A pedra é, para os deuses, maleável como o barro para nós. Lá ninguém trabalha, pois o milho se planta sozinho, as ferramentas agrícolas operam por si mesmas. O mundo celeste é um mundo de caçadas, danças, festas constantes de cauim de milho; seus habitantes estão sempre esplendidamente pintados de jenipapo, adornados com penas de cotinga e arara, perfumados com a resina da árvore *ičiri'i* (*Trattinickia rhoifolia*).

Mas os *Maï* são, acima de tudo, imunes à doença e à morte: eles levaram consigo a ciência da eterna juventude. O exílio dos deuses criou a condição de tudo que é terrestre: a submissão ao tempo, isto é, o envelhecimento e a morte. Mas, se partilhamos dessa comum condição mortal, distinguimo-nos dos demais habitantes da terra por termos um futuro. Os humanos são "aqueles que irão", que reencontrarão os *Maï* no céu, após a morte. A divisão entre o céu e a terra não é intransponível: os deuses falam com os homens, e os homens estarão um dia à altura dos deuses.

Os Araweté

O povo do Ipixuna

Os Araweté são um povo tupi-guarani de caçadores e agricultores da floresta de terra firme, que se deslocou há cerca de 35 anos das cabeceiras do rio Bacajá, a sudeste, em direção ao Xingu, no estado do Pará. Eles eram oficialmente desconhecidos até o começo da década de 1970. Seu "contato" pela Funai data de 1976, quando buscaram as margens do Xingu fugindo do assédio dos Parakanã, outro grupo tupi-guarani. O nome "Araweté", inventado por um sertanista da Funai, não significa nada na língua do grupo. O único termo que poderia ser considerado uma autodenominação é *bïde*, que significa "nós", "a gente", "os seres humanos". Todos os humanos são *bïde*, mas os humanos por excelência são os Araweté: os outros povos indígenas e os "brancos" (*kamarã*) são *awĩ*, "estrangeiros" ou "inimigos".

A população imediatamente anterior ao contato era de pelo menos 200 pessoas. Devido às condições em que esse "contato" com a Funai se realizou, a mortalidade causada por epidemias e desnutrição levou o grupo ao mínimo de 120 pessoas, em 1977. Em setembro de 1992, a população chegou a 206, alcançando assim o efetivo da época pré--contato. Embora ainda bastante vulneráveis às doenças estrangeiras, sua situação geral de saúde é boa, o que se deve mais ao relativo isolamento em que vivem do que à assistência da Funai. Hoje, o território do grupo está ameaçado por companhias madeireiras que vêm explorando ilegalmente as reservas de mogno da região do Xingu-Bacajá.

Os Araweté habitam hoje uma só aldeia junto ao Posto Indígena (PI) Ipixuna (da Funai), às margens do igarapé Ipixuna, afluente da margem direita do Médio Xingu. O Ipixuna é um rio de águas negras, encachoeirado, que corre em um leito rochoso na direção sudeste/noroeste. A vegetação dominante na bacia do Ipixuna é a floresta aberta com palmeiras, onde as árvores raramente ultrapassam 25 metros. Nos arredores da aldeia há extensas áreas de "mata de cipó", onde lianas e plantas espinhosas tornam a caminhada difícil. O terreno é pontilhado de irrupções graníticas que em seu topo se cobrem de cactos, bromélias e agaves. A caça é abundante, dada a grande quantidade de árvores frutíferas que atraem os animais. O regime de chuvas é bem marcado, com uma estação seca que se estende de abril a novembro e uma chuvosa nos meses restantes. Entre agosto e novembro, o rio se torna impraticável, expondo extensos lajeiros e formando poços de água estagnada propícios à pesca.

Os Araweté dizem viver agora "na beira da terra": sua tradição fala de sucessivos deslocamentos a partir de algum lugar a leste (o centro da terra), sempre fugindo de inimigos mais poderosos. Tudo o que é possível garantir é que eles moram há muitos anos, talvez alguns séculos, na região de florestas entre o médio curso dos rios Xingu e Tocantins. Embora fossem considerados, até o contato em 1976, como "índios isolados", o fato é que os Araweté conhecem o homem branco há muito tempo. Sua mitologia se refere aos brancos, e existe um espírito celeste chamado "Pajé dos Brancos"; eles utilizam há muito tempo machados e facões de ferro, que pegavam em roças abandonadas de moradores "civilizados" da região; e sua tradição registra vários encontros, alguns amistosos, outros violentos, com grupos de *kamarã* na floresta.

A história dos Araweté tem sido, pelo menos desde o início do século, uma história de sucessivos conflitos com tribos inimigas e de deslocamentos constantes. Eles saíram do Alto Bacajá devido a ataques dos Kayapó e dos Parakanã. Por sua vez, ao chegarem ao Ipixuna e demais rios da região (Bom Jardim, Piranhaquara), afugentaram os Asurini ali estabelecidos, que acabaram se mudando para o rio Ipiaçava, mais ao norte. Em 1970, com a construção da rodovia Transamazônica, que passava por Altamira (a cidade mais próxima), o governo brasileiro começou um trabalho de "atração e pacificação" dos grupos indígenas do Médio Xingu. Os Araweté começaram a ser notados oficialmente em 1969. Em 1971, a Funai estabeleceu a "Frente de Atração do Ipixuna", que manteve contatos esporádicos com os Araweté até 1974, sempre sem conseguir visitar suas aldeias. Nessa época, o grupo vivia dividido em dois blocos de aldeias: um mais ao sul, na bacia do Bom Jardim, outro ao norte, no Alto Ipixuna.

Em janeiro de 1976, ataques realizados pelos Parakanã levaram os Araweté de ambas as regiões a procurar as margens do Xingu, resolvidos a "amansar" *(mo-kati)* os brancos – pois eles não acham que foram "pacificados" pelos brancos, mas sim o contrário. A Funai veio encontrá-los lá em maio daquele mesmo ano, acampados precariamente junto às roças de alguns camponeses, famintos e já doentes devido ao contato com os brancos do "beiradão" (que é como as terras da margem do Xingu são chamadas pela população regional). Em julho, os sertanistas da Funai decidem levar aquela população doente e fraca em uma caminhada pela mata até um posto que havia sido construído no Alto Ipixuna, próximo às antigas aldeias do grupo. Foi uma caminhada de mais ou menos cem quilômetros, que durou 17 dias: pelo menos 66 pessoas morreram no percurso. Com os olhos fechados por uma conjuntivite infecciosa que haviam contraído no "beiradão", as pessoas não enxergavam o caminho, perdiam-se na mata e morriam de fome; crianças pequenas, subitamente órfãs, eram sacrificadas pelos adultos desesperados; muita gente, fraca demais para caminhar, pedia para ser deixada e morrer em paz.

Não se sabe quantos começaram a caminhada, mas apenas 27 chegaram junto com os sertanistas que lideravam a marcha; o restante veio chegando aos poucos. Alguns índios se desviaram no caminho para as aldeias antigas, ali permanecendo algumas semanas; mas logo um novo ataque parakanã fez toda a população araweté que sobreviveu à caminhada e aos inimigos se juntar no Posto da Funai. Em março de 1977, o primeiro censo feito pela Funai contou 120 pessoas. Os Araweté me desfiaram os nomes de 77 pessoas que desapareceram no período entre sua chegada no Xingu, em janeiro de 1976, e sua chegada no Posto Velho, em julho daquele ano; três dessas morreram no último ataque parakanã: as demais, portanto, foram vítimas do contato e da desastrosa caminhada – 36% da população total à época.

Em 1978, o grupo se mudou, juntamente com o Posto da Funai, para um sítio mais próximo da foz do Ipixuna, onde reside até hoje.

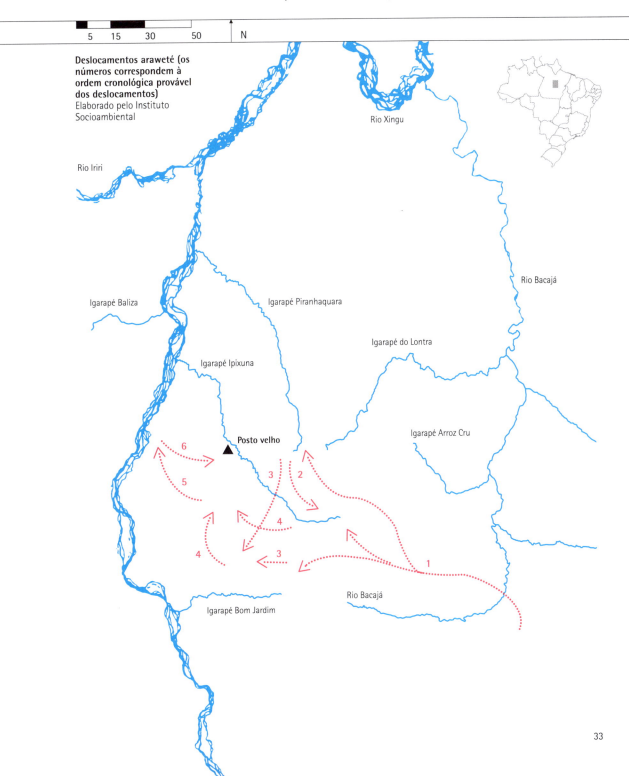

Deslocamentos araweté (os números correspondem à ordem cronológica provável dos deslocamentos)
Elaborado pelo Instituto Socioambiental

Os araweté perdidos

Em setembro de 1987, os Kayapó-Xikrin, da aldeia do Cateté, a centenas de quilômetros a sudeste do Ipixuna, do outro lado da serra dos Carajás, atacaram um pequeno grupo de índios desconhecidos, matando um homem e um menino, capturando duas mulheres e outro menino pequeno. Um médico da Funai que visitava a aldeia do Cateté reconheceu a pele branca e os olhos castanho-claros dos Araweté, bem como os característicos brincos de pena usados pelas mulheres. Logo se soube que um homem mais velho havia permanecido na mata, tendo conseguido fugir do ataque. Avisados pelo rádio, os Araweté mandaram dois emissários e o chefe do PI Ipixuna para resgatar seus parentes perdidos, sem terem a menor ideia de quem poderiam ser. As negociações foram complicadas; os Xikrin exigiram vários bens em troca dos prisioneiros, mas no fim tudo se resolveu. Em seguida, os Araweté foram em busca do velho. Logo o encontraram; no começo ele resistiu a qualquer aproximação, atirando flechas contra o pequeno grupo de resgate. Finalmente, contudo, terminou por reconhecer a língua e deixou que o grupo se aproximasse. Ele e os cativos dos Xikrin foram levados para o Ipixuna para se juntar ao resto dos Araweté.

Na aldeia, o mistério se esclareceu. Eles eram os sobreviventes do grupo de Iwarawï (o velho), que tinha se separado do resto da tribo havia cerca de trinta anos nas cabeceiras do Bacajá, quando Iwarawï ainda era um rapaz. Durante um ataque kayapó, ele fugiu para a mata com uma moça – filha da irmã de sua mãe – e com dois meninos pequenos, seus sobrinhos. Os Araweté acharam que eles haviam sido mortos ou capturados pelos Kayapó. Na verdade, haviam se perdido do resto da tribo, que fugira dos Kayapó na direção oposta, em direção às águas do Ipixuna. Iwarawï e sua irmã (no parentesco araweté, a filha da irmã da mãe é chamada de "irmã"), sozinhos, foram obrigados a casar; tiveram duas filhas, que se casaram com os dois meninos que haviam fugido também. Essas pessoas viveram completamente isoladas durante trinta anos, como uma miniatura da sociedade araweté. Era uma vida muito dura, sempre fugindo ao menor sinal de inimigos: sem tempo para esperar o algodão crescer, as mulheres substituíram sua roupa tradicional por saias de casca de árvore; precisando estar sempre mudando de acampamento, nem sempre podiam plantar e colher milho, dependendo de farinha de coco-babaçu para sua alimentação.

Em fevereiro de 1988, Iwarawï foi levado a Altamira para se tratar de uma grave pneumonia que havia contraído logo após o contato. As duas mulheres, suas filhas, casaram-se na aldeia: Mitãñã-kãñï-hi e seu filho foram viver com um viúvo; Pïdï-hi, mulher e mãe do homem e do menino mortos pelos Xikrin, casou-se com um primo solteiro. Embora cercados por seus parentes próximos da aldeia, esses sobreviventes custaram a se acostumar à nova situação. Os outros araweté os achavam estranhos: falavam com um sotaque diferente, haviam esquecido muitos dos usos e costumes tribais. Enquanto Iwarawï estava em Altamira, suas armas ficaram guardadas na aldeia, e eram mostradas a todos. Seu largo arco, todo furado pelo chumbo das espingardas kayapó – ele o usara como escudo durante o ataque – havia matado muitos inimigos, índios e *kamarã*, durante aqueles trinta anos. Suas flechas eram estranhas: tortas, sujas, com uma emplumação diferente da tradicional. Examinando essas armas, um ancião da aldeia declarou: "É, Iwarawï estava quase se transformando em inimigo, estava esquecendo nosso modo de ser...".

As filhas e o neto de Iwarawï estão hoje completamente integrados à vida dos Araweté. Iwarawï morreu afogado nas águas do Xingu, em um estúpido acidente de barco, em agosto de 1988. Ele não teve tempo de voltar a viver com seus parentes perdidos.

Haverá ainda outros araweté vivendo isolados na floresta? Os moradores do PI Ipixuna dizem que alguns de seus parentes se recusaram a seguir atrás dos sertanistas da Funai na caminhada de 1976, tendo tomado outro rumo. A única região onde eles podem ter vivido todo esse tempo sem topar com brancos ou índios está situada a sudeste do Ipixuna – as florestas da serra dos Carajás. Embora a maioria desses desaparecidos deva ter morrido das doenças contraídas no "beiradão" (contei-os como falecidos nas estatísticas do contato de 1976), não é impossível que ainda venhamos a ouvir falar de mais araweté isolados, subitamente "descobertos" pelos brancos ou pelos Xikrin do Cateté.

O território

Desde que se deslocaram das águas do Bacajá em direção ao Xingu, os Araweté circulam por uma área compreendida entre as bacias dos rios Bom Jardim, ao sul, e Piranhaquara, ao norte, que inclui os rios Canafístula, Jatobá e Ipixuna. O Xingu é o limite oeste do território, nunca franqueado. A região do divisor Bacajá-Xingu, a leste, é pouco frequentada; ali começam os domínios dos temidos Kayapó-Xikrin. Tampouco têm eles se aventurado além do Bom Jardim, onde um grupo Parakanã (o mesmo que os atacou em 1976 e 1983) foi contatado pela Funai em 1984. A partir da margem direita do Piranhaquara começa a terra dos Asurini, outro inimigo tradicional, com quem hoje os Araweté mantêm boas relações. A área mais densamente explorada pelo grupo, nas condições presentes de dependência do Posto da Funai, compreende uma faixa de cerca de sessenta quilômetros para cada lado do Ipixuna, da foz às cabeceiras.

    A situação territorial dos Araweté não é segura. Desde 1979 sucederam-se propostas de criação de uma reserva araweté e de demarcação conjunta dos territórios araweté, asurini, xikrin e parakanã, feitas por antropólogos e alguns funcionários do próprio órgão. Apenas em fins de 1987 a Funai resolveu "interditar" uma área de 985 mil hectares, segundo os limites propostos em um relatório que encaminhei àquele órgão em 1982. Em maio de 1992, essa área foi delimitada, para fins de demarcação, por uma portaria do Ministério da Justiça. Resta agora saber se, e quando, as terras araweté serão de fato demarcadas. Duas grandes ameaças se desenham num futuro próximo: a inundação de parte do território araweté pelos reservatórios do Complexo Hidrelétrico do Xingu e, mais imediatamente, a penetração de madeireiras por suas fronteiras sul e leste.

    Em 1986, o primeiro sinal da crise vindoura foi dado: duas madeireiras invadiram as terras dos Parakanã e Araweté, abrindo pistas de pouso e dali extraindo enormes quantidades de mogno. Essas empresas saíram das terras indígenas em 1987, mas continuaram extraindo madeira dentro do "corredor" ao longo do divisor Bacajá-Xingu, área que deveria imperativamente ser de usufruto exclusivo dos povos indígenas da região. Em 1991-1992, reapareceram novos sinais de atividade madeireira clandestina no mesmo território. A reserva vizinha dos Kayapó-Xikrin do Bacajá já está sendo devastada por companhias que, após forte pressão e um longo processo de aliciamento dos líderes do grupo, conseguiram se introduzir na área.

    Em áreas indígenas vizinhas (Parakanã, Xikrin) existem garimpos clandestinos que poluem os rios, espantam a caça e são um foco de disseminação de doenças. A probabilidade de que as terras araweté venham a ser invadidas por garimpos é alta.

A concepção araweté de territorialidade é aberta; eles não tinham, até bem pouco, a noção de um domínio exclusivo sobre um espaço contínuo e homogêneo. Chegando ao Ipixuna, deslocados por outros grupos da área que ocupavam, deslocaram por sua vez os Asurini. Sua história fala de um movimento constante de fuga diante de inimigos mais poderosos. Os Araweté não parecem ter uma geografia mitológica ou sítios sagrados. Sua atitude objetiva e subjetiva era um incessante ir em frente, deixando para trás os mortos e os inimigos. A ideia de reocupar uma área antiga lhes é estranha – o que se constata mesmo dentro dos limites da bacia do Ipixuna.

As guerras em que estiveram envolvidos nunca foram concebidas como disputas territoriais, e as tribos que invadiam "suas" terras eram vistas menos como ameaça à integridade territorial que à sobrevivência física do grupo. Do mesmo modo, quando, nos anos 1960, os caçadores de peles entraram no Ipixuna, não foram tidos por invasores que deveriam ser expulsos; ao contrário, desde que não se mostrassem hostis, eram uma bem-vinda fonte de instrumentos de ferro.

É justamente quando do "contato" e da fixação em uma área restrita que uma concepção fechada de território começou a emergir. Assim, por um lado, o estabelecimento de uma só aldeia junto ao Posto da Funai rompe com o padrão geopolítico tradicional, que consistia em várias aldeias simultâneas e dispersas, menores que a aldeia atual; a dependência do Posto diminuiu também o raio de movimentação. Por outro lado, o convívio com as concepções ocidentais de territorialidade (transmitidas direta ou indiretamente pelos brancos) e a situação de enclausuramento geográfico levam à emergência de uma noção territorial fechada e exclusiva, consagrando uma nova situação histórica – o fato de um "território araweté", ainda à espera de reconhecimento jurídico completo pelo Estado nacional.

Os Araweté, a exemplo de tantos outros grupos, procuraram o contato com a sociedade nacional não por já se sentirem territorialmente encurralados, mas para fugirem às hostilidades de tribos inimigas, que por sua vez invadiram território alheio por terem sido deslocadas pela fronteira nacional (longo é o braço do homem branco). Os ataques parakanã dos anos 1960 fizeram os Araweté demandar as margens povoadas do Xingu. Ali terminou sua incessante deriva em busca de terras livres de inimigos.

A seguir, transcrevemos a portaria de delimitação da área indígena Araweté/Igarapé Ipixuna, assinada em 28 de maio de 1992 pelo ministro da Justiça Célio Borja e publicada no *Diário Oficial da União*, seção 1, p. 6726, no dia seguinte.

O Ministro de Estado DA JUSTIÇA, no uso de suas atribuições e tendo em vista o disposto no Decreto nº 11, de 18 de janeiro de 1991, combinado com o Decreto nº 22, de 19 de fevereiro de 1991, e diante da proposta apresentada pela Fundação Nacional do Índio – FUNAI, objetivando a definição de limites da Área Indígena ARAWETÉ IGARAPÉ IPIXUNA, constante do Processo FUNAI/BSB/2394/91.

CONSIDERANDO que a Área Indígena ARAWETÉ IGARAPÉ IPIXUNA, localizada nos Municípios de Altamira, Senador José Porfírio e São Félix do Xingu, Estado do Pará, ficou caracterizada como de ocupação tradicional e permanente indígena, nos termos do artigo 231 da Constituição Federal e do artigo 17 da Lei nº 6.001, de 19 de dezembro de 1973;

CONSIDERANDO os termos do Parecer nº 014/CEA de 11 de setembro de 1991, da Resolução nº 027/CEA de 11 de outubro de 1991 e Despacho do Presidente nº 027/CEA de 8 de novembro de 1991, publicados no D.O.U. de 18 de novembro de 1991;

CONSIDERANDO que a declaração de ocupação indígena e definição dos limites propostos visam assegurar apoio e proteção ao grupo indígena ARAWETÉ, conforme determinações legais, resolve:

Nº 254   I -   Declarar como de posse permanente indígena, para efeito de demarcação, a Área Indígena ARAWETÉ IGARAPÉ IPIXUNA, com superfície aproximada de 985.000 ha (novecentos e oitenta e cinco mil hectares) e perímetro também aproximado de 500 km (quinhentos quilômetros), assim delimitada: NORTE: Partindo do Ponto "1" de coordenadas geográficas aproximadas 04°08'15"S e 52°36'25"Wgr., situado na foz do Igarapé Piranhaquara no rio Xingu; daí, segue no sentido montante pelo citado igarapé até sua cabeceira, no Ponto "2" de coordenadas geográficas aproximadas 04°51'50"S e 52°09'50"Wgr.; daí, segue por uma linha reta na direção Nordeste até o Ponto "3" de coordenadas geográficas aproximadas 04°37'30"S e 52°00'00"Wgr., situado nas proximidades, na cabeceira do Igarapé sem denominação, afluente da margem esquerda do Igarapé Ipiaçava. LESTE: Do ponto antes descrito, segue na direção Sul pela Linha do Meridiano 52° até as proximidades da cabeceira do Igarapé Bom Jardim, no Ponto "4" de coordenadas geográficas aproximadas 05°27'20"S e 52°00'00" Wgr.; SUL: Do ponto antes descrito, segue no sentido jusante pelo citado igarapé Bom Jardim até sua foz no Rio Xingu, no Ponto "5" de coordenadas geográficas aproximadas 05°30'10"S e 52°40'50"Wgr.; OESTE: Do ponto antes descrito, segue no sentido jusante pelo Rio Xingu até a confluência do Igarapé Piranhaquara, no Ponto "1" inicial da descrição.

II - Determinar que a FUNAI promova a demarcação administrativa da Área Indígena ora declarada, para posterior homologação pelo Presidente da República, nos termos do Artigo 19, §1º, da Lei n. 6.001/73 e Artigo 9º do Decreto n. 22/91.

III - Proibir o ingresso, o trânsito e a permanência de pessoas ou grupos de não índios dentro do perímetro ora especificado, ressalvadas a presença e a ação de autoridades federais, bem como a de particulares especialmente autorizados, desde que sua atividade não seja nociva, inconveniente ou danosa à vida, aos bens e ao processo de assistência aos indígenas.

IV - Esta Portaria entra em vigor a partir de sua publicação.

A língua

A língua araweté pertence à grande família tupi-guarani, falada na época da invasão europeia em 1500 pelas tribos que ocupavam a maior parte do litoral brasileiro: os Tupinambá, Tamoio, Tupiniquim, Caetés (de São Paulo até o Maranhão) e os Carijó ou Guarani (do Paraná ao Rio Grande do Sul). Hoje, estima-se que haja 40 mil falantes de línguas tupi-guarani apenas no Brasil. Uma das línguas oficiais do Paraguai é o guarani, da mesma família. Os povos tupi-guarani estão espalhados por quase toda a América do Sul, a leste dos Andes: tribos como os Kamayurá do Alto Xingu, os Potiguara da Paraíba, os Wayãpi do Amapá e da Guiana Francesa, os Chiriguano e Sirionó da Bolívia, os Mbyá do Paraguai e do Sul do Brasil, os Guajajara do Maranhão, os Cocama do Peru, os Uru-Eu-WauWau de Rondônia – todas elas são tupi-guarani. A chamada "Língua Geral", criada pelos missionários jesuítas e imposta sobre os índios de outras famílias linguísticas que caíam nas malhas da catequese, era uma adaptação do tupi falado na costa brasileira. A Língua Geral ou Nheengatu (a "fala boa") veio a se tornar a língua franca da Amazônia, usada por índios e brancos durante os séculos XVII a XIX; ainda hoje se acham falantes da Língua Geral na Amazônia.

É possível que os Araweté, como vários outros grupos tupi da região, sejam os descendentes da tribo Pacajá, objeto de intensa atividade missionária por parte dos jesuítas durante o século XVII. As crônicas missionárias registram que parte desse numeroso povo resistiu à catequese, retornando à floresta. Mas a língua araweté, se comparada às línguas faladas por seus vizinhos tupi-guarani mais próximos (os Asurini do Koatinemo, os Parakanã, os Asurini do Trocará, os Suruí, os Tapirapé), todas elas bastante semelhantes entre si, mostra-se bastante diferenciada. Isto sugere que a separação dos Araweté foi mais antiga, ou mesmo que eles podem ter vindo de outra região do Brasil.

O araweté não é uma língua simples de se aprender: sua prosódia é fortemente nasal, o ritmo é rápido, e há sons de difícil reprodução pelos falantes nativos do português. A sintaxe e a morfologia são bastante diferentes das línguas indo-europeias: há várias séries de pronomes pessoais, há aspectos verbais sem correspondente direto no português... Por outro lado, é fácil reconhecer na língua araweté numerosas palavras que o tupi-guarani deixou no português falado no Brasil, seja no vocabulário comum, seja em falares regionais, seja nos topônimos (nomes de lugares). Por exemplo:

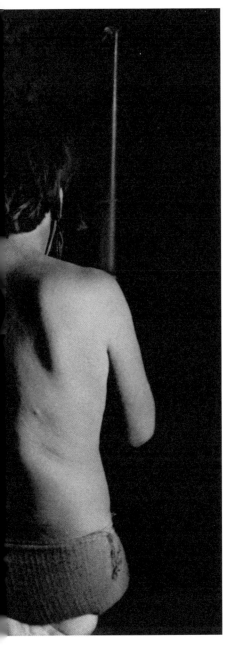

Tupi-guarani	Português	Significado
itã	itá	pedra
paranĩ	paraná	rio ou mar
ito	itu	cachoeira
tã	taba	aldeia
kape	capoeira	diversas acepções dicionarizadas
teyipã	tejupar	acampamento
pïdã	pirá	peixe
kãñĩ	cunhã	mulher
konomĩ	curumim	garoto
yičire	jacaré	
yaacï	jabuti	
iriwo	urubu	
haka	socó	tipo de pássaro
ihipa	cipó	
yirã	jirau	armação de madeira para diversos fins
čiče	quicé	faca
mokã'ẽ	moquém	grelha para assar ou defumar
tipãy	tipoia	pano de carregar criança, usado a tiracolo

Como essas palavras vieram do tupi falado na costa brasileira no século XVI – ou da Língua Geral criada pelos missionários –, é possível ver que as mudanças do araweté em relação ao tupi antigo são regulares. Assim, certos "s" do tupi antigo viraram "h" – por exemplo, o tupinambá *isipo*, que deu o português "cipó", virou *ihipa* em araweté. Igualmente, certos "o" viraram "a", como se vê nessa mesma palavra. Certos "u" ou "ï" viraram "ĩ" (urubu → *iriwo*), certos "a" viraram "ĩ" (paraná → *paranĩ*), outros viraram "ã": pira → *pïdã*, tata (fogo) → *tatã* etc. Em geral, a língua araweté perdeu a última sílaba das palavras do tupi antigo, um pouco como o francês fez em relação ao latim: taba virou *tã*, oka (oca, casa) virou *a*, kaa-puera (capoeira, roça velha) virou *ka-pe*, Maira virou *Mai* etc.

A população araweté adulta é praticamente monolíngue: apenas os jovens nascidos pouco antes do contato ou após ele entendem e falam algo do português. Dentro de alguns anos, entretanto, a maioria dos araweté será bilíngue.

43

O modo de vida

A subsistência

[1] A importância do milho em detrimento da mandioca é mais um indício provável da instabilidade territorial dos Araweté antes do contato: planta de crescimento mais rápido e maior portabilidade que a mandioca, o milho seria mais adaptado a uma situação de deslocamentos constantes diante de pressões hostis. Em contrapartida, o milho é bem mais exigente que a mandioca quanto à qualidade do solo. O território araweté apresenta extensas manchas de "terra preta do índio", um tipo de solo de origem antropogênica (formado por restos orgânicos deixados por ocupação humana de longa duração). Esse solo é o preferido pelos Araweté para suas roças. Sua presença na área do Bacajá-Xingu indica que esta é uma região que foi intensivamente ocupada por populações indígenas antes da invasão europeia.

Os Araweté possuem uma cultura material bastante simples, dentro do horizonte tupi-guarani. Isso se pode explicar, em parte, pelo estado constante de perigo e fuga de inimigos a que esse povo esteve sujeito nas últimas décadas; e, em parte, pelo trauma do "contato".

Em sua simplicidade, a cultura material araweté não permite uma aproximação com a de qualquer outro grupo tupi-guarani em particular. A predominância absoluta do cultivo do milho sobre o da mandioca também distingue os Araweté dos demais tupi-guarani amazônicos[1].

Os homens têm barba espessa, que costumam deixar crescer em cavanhaque; andam nus, com apenas um cordão amarrando o prepúcio. As mulheres trazem um costume de quatro peças tubulares (cinta, saia, tipoia-blusa e um pano de cabeça), tecido de algodão nativo e tingido de urucum. Elas portam brincos feitos de peninhas de arara dispostas em forma de flor, pendentes de enfiadas de sementes de *čiñã* (*Cardiospermun halicacabum*), bem como colares dessa mesma conta. Os homens usam os mesmos brincos, mas mais curtos. O cabelo é cortado em franja reta na testa até a altura das orelhas, de onde cresce até a nuca dos homens e a espádua das mulheres.

A tintura e a cor básica dos Araweté é o vermelho-vivo do urucum, com que cobrem os cabelos e o corpo, untando-os uniformemente. No rosto, porém, podem traçar apenas uma linha horizontal na altura das sobrancelhas, uma vertical ao longo do nariz e uma diagonal de cada orelha às comissuras labiais. Esse padrão é também usado na decoração festiva, quando é traçado em resina perfumada e recoberto com as penas minúsculas de cotingas de plumagem azul brilhante. A plumagem do gavião-real é grudada nos cabelos.

A agricultura é a base da subsistência araweté. Planta-se milho, mandioca, batata-doce, macaxeira, cará, algodão, tabaco, abacaxi, cuieiras, curauá (uma bromeliácea usada para cordoaria), mamão, urucum. O milho é o produto dominante de março a novembro, a mandioca no período complementar. Ele é consumido como mingau de milho verde, farinha de milho, mingau doce, paçoca de milho e mingau alcoólico. O mingau alcoólico (cauim) é o foco da maior cerimônia, que se realiza várias vezes ao ano durante a estação seca.

A caça é objeto de intenso investimento cultural. Os Araweté caçam uma grande variedade de animais; em ordem aproximada de importância alimentar, temos: jabutis, tatus, mutuns, jacus, cotias, caititus, queixadas, guaribas, macacos-pregos, pacas, veados, inhambus, araras, jacamins, jaós e antas. Tucanos, araras, gaviões-reais e outros gaviões menores, mutuns, japus e dois tipos de cotingas são procurados também pelas penas, para flechas e adornos. As araras vermelha e canindé e os papagaios são capturados vivos e criados como xerimbabos na aldeia. Em 1982, a aldeia tinha 54 araras criadas soltas.

As armas de caça são o arco de madeira de ipê, admiravelmente bem trabalhado, e três tipos de flecha. As armas de fogo foram introduzidas em 1982, e seu uso tem levado à diminuição da população animal nos arredores, obrigando os Araweté a cobrir um raio maior de território.

A pesca se divide em dois períodos: a estação de pesca com o timbó, em outubro-novembro, e os meses de pesca cotidiana, feita com arco e flecha ou anzol e linha. Embora o peixe seja alimento valorizado, é-o menos que a carne de caça, e a pesca é uma atividade principalmente exercida por meninos e mulheres (exceto as pescarias coletivas com timbó). Os Araweté são índios da terra firme: a maioria das pessoas mais velhas não sabe nadar. A água de beber e cozinhar é retirada de cacimbas abertas na margem arenosa dos cursos d'àgua ou nos açaizais.

A coleta é uma atividade importante. Seus principais produtos alimentares são: o mel, de que os Araweté possuem uma refinada classificação, com pelo menos 45 tipos de mel, de abelhas e vespas, comestíveis ou não; o açaí (*Euterpe oleracea*); a bacaba (*Œnocarpus* sp.); a castanha-do-pará (*Bertholetia excelsa*), importante na época das chuvas; o coco-babaçu (*Orbygnia phalerata*), comido e usado como liga do urucum, e para ductilizar a madeira dos arcos; e frutas como o cupuaçu (*Theobroma grandiflorum*), o frutão (*Lucuma pariry*), o cacau-bravo (*Theobroma speciosum*), o ingá (*Inga* sp.), o cajá (*Spondias* sp.), e diversas sapotáceas. Destaquem-se ainda os ovos de tracajás (*Podocnemis* sp.), objeto de excursões familiares às praias do Ipixuna em setembro, e as larvas de um coleóptero (*Pachymerus nucleorum*) encontradas no babaçu, que podem também ser criadas nos cocos armazenados em casa. Entre os produtos não alimentares da coleta, podem-se registrar: as folhas e talas de babaçu para a cobertura de casas, esteiras e cestos; a bainha das folhas de inajá (*Maximiliana maripa*), açaí e babaçu, que servem de recipientes; dois tipos de cana para flecha; o taquaruçu para a ponta das flechas de guerra e caça grossa; a taquarinha e outras talas para as peneiras e o chocalho de xamanismo; a cuia silvestre para o maracá de dança; madeiras especiais para pilões, cabos de machado, arco, pontas de flecha, esteios e vigas das casas, paus de cavar, formões; enviras e cipós para amarração; e barro para uma cerâmica simples, hoje em desuso com a introdução das panelas de metal.

O arco, o chocalho e a cinta

Apesar dessa austeridade material dos Araweté, eles fabricam três objetos tecnicamente muito elaborados e que, além disso, lhes são exclusivos, não possuindo análogos exatos em nenhum outro grupo tupi-guarani: o arco, o chocalho *aray* do pajé e a vestimenta feminina.

O arco (*irapã*) araweté é feito de ipê (*tayipa*, *Tabebuia serratifolia*) e é mais curto, curvo e largo que a maioria dos arcos indígenas brasileiros. Cada tronco de *tayipa* pode servir à fabricação de vários arcos. A madeira era trabalhada com ferramentas de osso e pedra (agora, com machados e facões de aço), e é aplainada com um formão feito de dente de cotia, lixada com uma folha áspera até ficar completamente lisa e, por fim, cuidadosamente aquecida no fogo e vergada até ganhar a forma adequada. Usa-se o leite do coco-babaçu, ou a gordura das larvas que vivem nessa palmeira, para tornar a madeira mais fácil de curvar. A corda do arco é feita de fibra de curauá, uma bromeliácea cultivada (*Neoglaziovia variegata*).

Os Araweté usam três tipos de flecha (*o'i*): uma para caça grossa, com ponta de taquaruçu (*Guadua* sp.) e emplumada com penas caudais de gavião-real; e duas para pássaros, peixes e mamíferos pequenos, com pontas de osso de guariba ou de pau farpeado, emplumadas com penas caudais de mutum. A haste das flechas é feita de dois tipos de bambu (*Guadua* sp. ou *Merostachys* sp.). Usam-se cera de abelha e fios de algodão para a fixação das pontas e das penas. Peninhas de tucano, arara ou cotinga são amarradas na base das flechas à guisa de enfeite.

O chocalho *aray* de pajelança é um cone invertido trançado de talas de arumã (*Ischnosiphon* sp.), recoberto de fios de algodão até deixar apenas a parte superior – que é a base do cone – exposta. Um floco de algodão forma um "colarinho" em volta da parte descoberta; ali se inserem quatro ou cinco penas caudais de arara-vermelha, dando ao objeto a aparência de uma tocha flamejante. Pedaços da concha de um caramujo do mato são colocados dentro do cone trançado. O *aray* produz um som chiante e contínuo; ele é usado pelos pajés para acompanhar os cantos de M<u>ai</u> e para realizar uma série de operações místicas e terapêuticas: trazer os deuses e almas de mortos à Terra para participarem das festas, reconduzir a alma perdida de pessoas doentes, ajudar no tratamento de ferimentos e picadas de animais venenosos.

Durante a fabricação do arco, um homem não deve ter relações sexuais com a esposa, caso contrário a peça de madeira quebrará. O chocalho, em troca, tem seu corpo de arumã trançado pelas mulheres, e a cobertura de algodão imposta pelos homens. Mas, uma vez pronto, o *aray* não pode ser usado pelas mulheres; instrumento muito poderoso, ele evoca os M<u>ai</u>, que poderiam quebrar o pescoço da mulher que ousasse chamá-los. Nessa sociedade, só os homens são pajés.

Todo homem araweté, desde a adolescência, possui seu arco e suas flechas; usa essas armas não só para caçar e pescar, como passeia frequentemente com elas pela aldeia, e as carrega orgulhosamente durante as danças da festa do cauim. Por sua vez, todo homem casado tem um chocalho *aray*; embora este seja o instrumento por excelência dos pajés, não há adulto que não tenha ao menos uma vez na vida cantado à noite, após ter visto os *Maï* em sonho. Todo homem é um pouco pajé, dizem os Araweté, e pode realizar pequenas curas e cantar suas visões; mas apenas alguns, os verdadeiros *peye*, são capazes de trazer os *Maï* e as almas dos mortos para as grandes festas, ou reconduzir as almas dos viventes que tenham sido capturadas pelos *Maï* ou outros espíritos. O *aray* é um símbolo do *status* do homem casado e com filhos; *aray ñã*, "senhores do chocalho", é um dos epítetos que designa a parte masculina adulta da sociedade araweté. O *aray* é mais especificamente um emblema da sexualidade masculina: um dos apelidos jocosos dados às mulheres é "quebradoras do chocalho", evocando o fato de que, quando têm relações sexuais com elas, os homens ficam com sono e não cantam à noite – o chocalho se "quebra", isto é, fica mudo –, e sugerindo que o *aray* é um símbolo fálico.

O *aray* é o único objeto de propriedade masculina que não pode ser herdado por ninguém; após a morte de seu possuidor, ele deve ser queimado. Ele parece, assim, ser um objeto pessoal e intransferível, dotado de valores simbólicos profundos.

Esse caráter sexualmente marcado, pessoal e íntimo do *aray* tem um análogo entre os objetos femininos: a cinta interna, usada por todas as mulheres após a puberdade, também não pode ser herdada por ninguém, ao contrário das peças externas. A roupa tradicional das mulheres araweté é composta de quatro peças: essa cinta (*ii re*, "peça de dentro"), pequena peça tubular de lona grossa de algodão de cerca de 25 cm de comprimento, que cobre o púbis e a parte superior das coxas, cingindo-as estreitamente e dando às mulheres um andar peculiar; uma saia de cima (*tupãy piki*, "veste longa"), de trama mais aberta; uma larga tipoia (*potïnã nehã*, "peitoral") para carregar as crianças, mas que é usada mesmo por jovens sem filhos; e um pano de cabeça (*dačĩ nehã*, "chapéu"), peça tubular como as demais vestimentas femininas, com a mesma trama aberta da saia e da tipoia. As vestes femininas são tecidas em teares simples – dois talos de folhas de babaçu fincados perpendicularmente no chão – e tingidas com urucum. Elas consomem uma grande quantidade de algodão; assim como os homens passam boa parte de seu tempo fabricando e reparando suas armas, as mulheres dedicam muitas horas do dia ao processo de produção dos fios de algodão para as roupas e as redes. Há sempre alguém na aldeia tecendo uma peça de roupa ou uma rede.

Desde pequenas, as mulheres usam a saia externa; por volta dos 7 anos, costumam trazer também a tipoia e por vezes o pano de cabeça. A cinta é imposta a partir da primeira menstruação – uma de suas funções é absorver o sangue menstrual –, e nunca deve ser retirada na frente de outros homens que não o marido ou o namorado, e mesmo assim apenas para o ato sexual. Mesmo entre as mulheres, as normas do pudor pedem que não se fique ereta sem estar usando a cinta: no banho coletivo das mulheres, estas ficam em geral agachadas, quando estão fora d'água.

Os homens manifestam um pudor análogo em retirar o cordão do prepúcio diante de outrem: a nudez para os Araweté é, assim, a ausência da cinta feminina ou do cordão peniano.

A cinta é um objeto de forte conotação sexual, como o *aray*. O arco não é menos marcado, sob esse aspecto. Já mencionamos que sua fabricação impõe a abstinência sexual do homem, como se sublinhasse a natureza fálica do objeto. Mais que isto, a palavra para "arco", *irapã* (que significa hoje "arma" em geral: arco, espingarda, revólver), designa também os órgãos sexuais masculinos e femininos – cada sexo tem suas "armas", o pênis e a vagina. É interessante, portanto, observar que os três objetos araweté mais elaborados, dos pontos de vista técnico e simbólico, possuem uma referência à sexualidade humana.

Os trabalhos e os dias

A vida social e econômica dos Araweté bate em compasso binário: floresta e aldeia, caça e agricultura, chuva e seca, dispersão e concentração.

Nas primeiras chuvas de novembro-dezembro, planta-se a roça de milho. À medida que cada família termina de plantar, vai abandonando a aldeia pela mata, onde ficará até que o milho esteja em ponto de colheita – um período de cerca de três meses. Os homens caçam, estocam jabutis, tiram mel; as mulheres coletam castanha-do-pará, coco-babaçu, larvas, frutas, torram o pouco milho velho da colheita anterior que trouxeram. Essa fase de dispersão é chamada de *awacï mo-tiarã*, "fazer amadurecer o milho" – diz-se que, caso não se vá para a mata, o milho não vinga. Em fevereiro-março, após várias viagens de inspeção às roças, alguém finalmente traz os cabelos do milho verde ao acampamento, mostrando a maturidade da planta. Faz-se aí a última grande pajelança do jabuti – atividade típica da estação chuvosa – e a primeira grande dança *opirahẽ*, característica da fase aldeã que está para se iniciar. Esse é o "tempo do milho verde", o começo do ano araweté.

Apenas quando todas as famílias já chegaram à aldeia faz-se a primeira pajelança de cauim (mingau de milho) doce, a que outras se seguem. O milho de cada festa é colhido coletivamente na roça de uma família, mas processado por cada unidade residencial da aldeia. Essa é também uma época em que as mulheres preparam grandes quantidades de urucum, dando à aldeia uma tonalidade avermelhada geral. A partir de abril-maio, as chuvas diminuem e se estabiliza a fase de vida aldeã, marcada pela faina incessante de processamento do milho maduro, que fornece a paçoca *mepi*, base da dieta da estação seca.

De junho até outubro estende-se a estação do cauim alcoólico, que recebe seu nome: *kã'i da me*, "tempo do cauim azedo". É o auge da seca. As noites são animadas pelas danças *opirahẽ*, que se intensificam durante as semanas em que se prepara o cauim. Essa bebida é produzida por uma família ou seção residencial, com o milho de sua própria roça. Pode haver vários festins durante a estação seca, oferecidos por diferentes famílias. Eles costumavam reunir mais de uma aldeia – quando os Araweté possuíam diferentes grupos locais – e ainda são o momento culminante da sociabilidade. A festa do cauim alcoólico é uma grande dança *opirahẽ* noturna, em que os homens, servidos pela família anfitriã, dançam e cantam, bebendo até o dia seguinte.

Na fase final de fermentação da bebida – o processo todo dura uns vinte dias –, os homens saem para uma caçada coletiva. Retornam uma semana depois, trazendo muita carne moqueada, o que os dispensará de caçar por vários dias. Na véspera da chegada dos caçadores, há uma sessão de descida dos *Maï* e das almas dos mortos, trazidos por um pajé para provarem do cauim.

A partir de julho-agosto começam a aumentar a frequência e a duração dos movimentos de dispersão. As famílias se mudam para as roças, mesmo que essas não distem muito da aldeia, e ali acampam por uma quinzena ou mais. É a estação de "quebrar o milho", quando se colhe todo o milho ainda no pé e se o armazena em grandes cestos, depositados sobre jiraus na periferia das roças. Dali as famílias se vão abastecendo até o final da estação seca, quando os cestos restantes são levados para o novo sítio de plantio.

Essa temporada na roça reúne em cada acampamento mais de uma família conjugal – seja porque a roça pertence a uma seção residencial (conjunto de famílias aparentadas que moram próximas entre si na aldeia), seja porque os donos de roças próximas decidem acampar juntos. Durante a quebra do milho, os homens saem todos os dias para caçar, enquanto as mulheres e crianças colhem as espigas, fazem farinha, tecem; essa é também a época da colheita do algodão.

Tais temporadas na roça são vistas como muito agradáveis. Depois de cinco ou seis meses de convivência na aldeia, os Araweté parecem ficar inquietos e entediados. Nos acampamentos de roça, as pessoas ficam mais à vontade e conversam livremente, sem medo de serem ouvidas por vizinhos indiscretos.

Durante o auge da estação seca, dificilmente se passa mais de uma semana sem que um grupo de homens decida realizar uma expedição de caça, quando dormem fora de uma a cinco noites. São comuns também, a partir de agosto, as excursões de grupos de famílias para pegar ovos de tracajá, pescar, caçar, capturar filhotes de arara e papagaio. Exceto nos meses de março a julho, é muito raro haver dias em que todas as famílias estão dormindo na aldeia.

A partir de setembro, a estação do cauim começa a dar lugar ao tempo do açaí e do mel. A "chegada" dos espíritos *Iaracĩ* (o "comedor de açaí") e *Ayaraetã* (o "pai do mel"), trazidos à aldeia pelos pajés, provoca a dispersão de todos para a mata em busca dos produtos associados a esses espíritos.

Em outubro-novembro, com as águas dos rios em seu nível mais baixo, fazem-se as pescarias com timbó, que também levam à fragmentação da aldeia em grupos menores.

A dispersão criada por todas essas atividades de coleta e pesca, porém, é mais uma vez contrabalançada pelas exigências do milho. Em setembro, começa a derrubada das roças novas; no final de outubro, a queimada; e, logo às primeiras chuvas de novembro-dezembro, o plantio, antes da dispersão das chuvas. Antes de partirem para a mata, colhe-se a mandioca, cuja farinha servirá de complemento à caça e ao mel da dieta da mata.

Esse é o ciclo anual araweté: um constante oscilar entre a aldeia e a floresta, a agricultura e a caça-coleta, a estação seca e a chuvosa. A vida na aldeia está sob o signo do milho e de seu produto mais elaborado, o cauim alcoólico; a vida na mata está sob o signo do jabuti (a caça dominante na estação chuvosa) e do mel.

Uma excursão à floresta

2 Ver adiante o capítulo "A ação coletiva: os *tenotã mõ* e os *tã ñã*", pp. 79-82.

3 Tratava-se dos padres austríacos Karl e Anton Lukesch, missionários e antropólogos amadores que visitam o Xingu há vários anos e que estiveram envolvidos no "contato" dos Asuriní, em 1971.

4 Ver adiante o capítulo "A amizade", pp. 105-8.

O texto abaixo é um extrato de meu diário de campo, do dia 22 de setembro de 1982. Nessa época, eu já estava entre os Araweté havia oito meses; compreendia sua língua e conhecia as pessoas relativamente bem. Já havia saído com eles em uma caçada cerimonial para o cauim e feito várias excursões rápidas à mata. Mas esta foi a primeira ocasião em que pude assistir à coleta do mel.

Ontem foi o dia da abertura da temporada do mel. O sinal foi dado por Yɨrĩñato-ro, que conduziu um grupo grande para pegar *iwaho* (mel de xupé). Cedo fiquei sabendo que iríamos "todos" com Yɨrĩñato-ro atrás de mel. Eu pensava em ir com Merereti em busca de *kacɨ e* ("mel do quati"), mas ele relutou, relutou, hesitou, e acabou dizendo que iríamos daqui a dois dias, quando Iwã-kãñĩ – disse ele – acabasse de menstruar e pudesse assim ter relações com ele. Moiwerã e Maria-hi apareceram aqui no Posto, chamando-me a ir com eles ("só nós") em busca de uma colmeia de *iwaho* que eu vi com Moiwerã naquele dia em que saímos para caçar e pegar *payikã*. A princípio concordei, mas logo decidi seguir o grupo de Yɨrĩñato-ro e Arado-hi, que tinha mais gente e prometia ser mais animado.

A decisão de ir ao mel foi comunicada por Yɨrĩñato-ro ao chefe do Posto, que, eu soube depois, decidiu que os Araweté deverão primeiro terminar a pista de pouso para depois entrarem no ciclo da coleta de mel para o *peyo* (pajelança). Eis aí a Funai sempre a decidir os quês, os quandos e os comos: os índios, naturalmente, estão a seu serviço, visto que ela está a serviço deles... Por outro lado, o *tã ñã* ["dono da aldeia", isto é, Yɨrĩñato-ro[2]] me informa, quando vou a seu pátio assuntar, que o chefe do Posto lhe pediu que trouxesse mel e açaí para os padres comerem[3].

Pouca gente (Marɨpã-no, Tiwawɨ-no,Ararĩñã-no, Moirawï-do) ficou na aldeia. Formaram-se alguns grandes grupos, e outros menores, que tomaram direções diversas e saíram em horas diferentes:

1. Yɨrĩñato-ro, Moiparã, Na'ï, Aritã-no, Ararĩñã, Merereti, Amere, Ñapɨrɨ, Irawadï-do, Iapi'ï-do, Pïnãhã, Araiyi-kãñĩ-no e suas esposas. A estrutura desse grupo gira em torno do setor de Yɨrĩñato-ro e Arado-hi [sua mulher], que atrai, além de seus componentes, também Pïnãhã, agora casado com Yarã'ma (num golpe de mestre de Yɨrĩñato-ro); Irawadï-do, *apĩhi-pihã* (amigo cerimonial[4]) de seu tio materno Yɨrĩñato-ro; Aritã'no, amigo cerimonial de seu genro Moiparã.

2. Awara-ro, Iadïma-ro, Irãno-ro, Kɨrereti, Aya-ro, Toroti-ro, Kãñĩ-atã-no – e esposas. Foram atrás de uma colmeia "de Awara-ro" (descoberta e marcada por este). O núcleo desse grupo é a "turma de baixo", residente próximo ao Posto.

3. Heweye-ro, Takayama-ro, Madehã, Meñã-no, Toiyi. Foram atrás de uma colmeia descoberta por Heweye-hi. Seguiram Ipixuna acima, paralelo a seu curso, até ali onde Kɨrereti e eu cruzamos com a turma de Iadïma-ro em nossa última caçada.

4. Moiwerã, Kãñɨ-newo-ro e esposas. Foram no mel visto pelo primeiro, que "desprezei", como dizem. Seguiram no mesmo caminho que o grupo de Yɨrɨñato-ro, separando-se ali onde derrubamos a primeira colmeia.

5. Três outras famílias saíram sozinhas, cada qual para seu lado: as de Moneme'ï-do, Kãñɨ-paye-ro e Mirã-no.

A concentração de pessoas para tirar mel deve-se, creio, ao esforço necessário para erguer os andaimes por onde se alcança a colmeia em árvores do tamanho do jatobá, ou então para derrubar essas grandes árvores quando se está sem paciência para fazer o andaime-jirau. Por outro lado, há um prazer intrínseco nas excursões em bando, com muita conversa, alegria e brincadeiras. Dentro de cada grupo, há grupos menores – há os que partem juntos (pois o grupo de Yɨrɨñato-ro partiu em levas sucessivas) e caminham juntos, os que se sentam juntos em torno da árvore, os que dividem o mesmo *yiyipe* [recipiente feito de folhas de açaí, onde se toma o mel]... É essencial, na temporada do mel, as mulheres irem também – embora elas nada façam no que toca ao trabalho necessário para tirar o mel; mas podem pegar as folhas de açaí para fazer o *yiyipe*, sair atrás de castanha-do-pará ou de babaçu enquanto os homens trabalham no mel.

O grupo saiu às 10h, primeiro Yɨrɨñato-ro e esposa, Pïnãhã e esposa, Ararĩñã. Depois saímos Na'ï, Merereti, esposas e eu. Tomamos o rumo do *Kopiti* (cupuaçuzal, nome de um igarapé, seco neste verão forte), o mesmo caminho da minha caçada do cauim de 1981. Passamos a roça velha de Ñã-Maɨ-hi, cruzamos o igarapé que passa atrás da aldeia, ali perto da grande *ñãmõ'i* [uma árvore], e seguimos adiante. Logo depois da capoeira de Ñã-Maɨ-hi, chegamos a um trecho da mata que Na'ï me diz ser a futura roça de Yɨrɨñato-ro, a ser aberta neste inverno. Fica a mais ou menos quarenta minutos da aldeia, rumo a sudoeste.

O céu estava escuro, fechado, ventoso: *Ayaraetã!* [o espírito que acompanha o mel]. Iwã-kãñɨ me diz que *Ayaraetã* caminha junto conosco na mata, chegando à colmeia de *iwaho* ao mesmo tempo que nós. É *Ayaraetã* quem escurece o céu. Logo fomos alcançados por Araiyi-kãñɨ-no e Iwã-mayo, e a conversa prosseguiu: as mulheres encenavam as falas de *Ayaraetã*, que pede mel para nós com sua voz fina e arranhada. (Tudo parece se passar como se esse espírito do mel exigisse prestações de mel – alimento que tenta a avareza?)

Passamos pelos açaizais que vi em 1981, agora completamente secos. Logo topamos com a vanguarda da expedição e, no declive do primeiro morro, demos com uma colmeia de *iwaho* em um pé de tucumã. Quem chegava ia se instalando à roda da palmeira para apreciar sua derrubada. Ararĩñã defumou a colmeia, subindo em uma árvore vizinha e acendendo a boca (*hakõy*, pênis) da colmeia com uma vara que tem na ponta um feixe de palha de babaçu em chamas. Aí Pïnãhã, que talhou na hora um cabo para o machado que trouxera, derrubou o tucumã. No que o pau cai, correria dos homens, gritaria, abelhas zumbindo, picando e agarrando-se nos cabelos. Na'ï e Iapï'ï-do abriram a colmeia a machado, isto é, tiraram-na do tronco aos pedaços. Quem podia, ia levando seu pedaço de colmeia para junto da mulher. Os pedaços maiores foram levados a Yɨrɨñato-ro, que os partiu com facão e distribuiu os favos para quem não tinha pegado nada – e ficou com a parte do leão... Comemos todos, eu do cocho do líder, e mais Moiwerã e Kãñɨ-newo-ro, que toparam conosco ali.

Logo que terminei de comer me perguntaram – "você vai acender cigarro?". Essa foi a maneira de me dizer que não se fuma perto de mel na mata, quando este já foi derrubado e aberto. (Eis aí a clássica oposição sul-americana entre mel e tabaco... O curioso é que a ponta da colmeia fumegando parece um charuto enorme. Se fumarmos, me explicaram, as "flechas do mel" furam nossa boca.)

Seguimos caminho, voltamos à trilha dos açaizais, cortando o igarapé seco em suas muitas curvas. Saímos do tucumã às 14h, chegamos às 15h em outra colmeia de xupé: no alto de um jatobá gigantesco, a mais ou menos trinta metros de altura. Ali, o pessoal decide fazer o *cĩmõ*, o andaime de varas, e desprender a colmeia do tronco. Todos os jovens do grupo se movimentam para erguer a estrutura, apoiados numa árvore adjacente que serviu de "primeiro andar" do jirau. Araiyi-kãñɨ-no saíra para caçar algo, trouxe peixes de um igarapé próximo; Iapï'ï-do havia voltado no meio do caminho, sua mulher sentia-se mal. Quando o segundo andar da estrutura estava erguido, Yɨrɨñato-ro – eu já estava estranhando seu papel apenas de diretor na expedição – assume a função mais perigosa, a de erguer o último lance do andaime nas alturas do jatobá. As abelhas dão-lhe em cima. Logo que termina, desce, e sobe o "derrubador", seu *apĩ'hi-pihã* Irawadɨ-do. É ele quem incendeia a colmeia, e depois a desprende com uma vara usada a modo de alavanca. As abelhas o devoram, ele geme lá em cima, precariamente apoiado no andaime. A colmeia cai, dá-se o mesmo: correria, consumo, descanso. Foram duas horas e meia de serviço para tirar essa última colmeia. Pergunto a Iwã-mayo por que não derrubaram o jatobá; ela me diz que foi simplesmente "porque quiseram fazer o andaime"... Depois, Toiyi me explica: uma colmeia de xupé derrubada sem ter sido previamente defumada produz excessivo número de abelhas ferozes, e não havia como defumar a colmeia naquela altura sem o andaime.

E o dia acaba. São 17h30 quando levantamos acampamento correndo. Escurecia. Às 18h45, já com o céu nublado, e debaixo da mata, não se via muita coisa. No último açaizal, pegamos apressadamente os cestos com a fruta – esqueci de dizer que, entre um mel e outro, descansamos no açaizal e derrubamos muitos cachos de açaí (não se pode derrubar a palmeira, senão seu espírito-dono fica brabo). Na falta de lanternas – as que havia não foram acesas, sei lá por quê –, Iwã-kãñɨ acende uma tocha de folíolos secos de babaçu para me iluminar o caminho. Em breve, todos têm de recorrer às tochas, são 19h, escuridão absoluta. Chegamos à aldeia às 20h30, depois de uma parada ali na futura roça de Yɨrɨñato-ro.

À noite, banho de rio no escuro, dores de estômago por causa de tanto mel. Papo com Toiyi e Kɨrereti, contam-me de outras excursões, outros méis, fofocas da aldeia. Durmo às 23h, exausto da caminhada de cinco horas.

O quadro da vida

Casas e pátios

Os Araweté parecem viver em aldeias por causa do milho; todos os seus movimentos de reunião em um só lugar se fazem em função das exigências do cultivo dessa planta. Isso já se mostra na instalação de uma nova aldeia. Se toda roça foi, antes, mata, toda aldeia foi, antes, roça. Quando um grupo decide mudar-se para outro lugar, abre primeiro as roças de milho e se instala no meio delas. Com o passar do tempo e das safras, as plantações vão recuando, e resta uma aldeia.

Ao contrário das aldeias dos povos indígenas do Brasil Central, com suas casas geometricamente dispostas em círculo em torno de um pátio cerimonial, a aldeia araweté dá a impressão inicial de um caos. As casas são muito próximas umas das outras, não obedecendo a nenhum princípio de alinhamento; os fundos de umas são os pátios fronteiros de outras; caminhos tortuosos atravessam a aglomeração, entre moitas de árvores frutíferas, troncos caídos e buracos. Cascos de jabuti e resíduos da faina do milho estão em toda parte; o mato cresce livremente onde pode, as fronteiras entre o espaço aldeão e a capoeira circundante são vagas.

Em 1982, quando passei meu mais longo período entre os Araweté, apenas três das então 45 casas da aldeia estavam ainda construídas ao modo "tradicional": pequenas choupanas inteiramente cobertas de folhas de babaçu, sem distinção teto-parede, com diminutas portas dianteiras fechadas com esteiras. As demais seguiam o estilo camponês regional: paredes de taipa, telhado de folha de babaçu, planta retangular. Alguns princípios da arquitetura pré-contato foram mantidos, como a ausência de janelas e o pequeno tamanho da porta. Em março de 1992, a aldeia contava com 55 casas, todas construídas nesse novo estilo.

Os moradores de uma casa formam uma família conjugal: um casal e seus filhos até 10-12 anos. Nessa idade, os meninos constroem pequenas casinhas iguais às dos pais, próximos a estas, e ali dormem sozinhos, embora continuem a usar o fogo de cozinha familiar. As meninas dormem na casa dos pais até a puberdade, quando então devem deixá-la e casar (os Araweté sustentam que os pais de uma menina morreriam se ela menstruasse em sua casa natal).

Cada residência possui um *hikã* (ver o tupinambá *ocara*, com o mesmo sentido) ou terreiro, uma área mais ou menos limpa de mato em frente ou ao lado da porta. É ali que ficam alguns instrumentos – pilões, tachos, panelas –, e que se trabalha de dia, torrando milho, fazendo flechas, tecendo esteiras e roupas. Ali se cozinha, na estação seca. O terreiro é o lugar onde se conversa e se tomam as refeições, e onde se recebem as visitas. É algo raro que uma pessoa (exceto se mãe ou irmã da dona) entre em casa alheia. À noite trancam-se as portas, veda-se qualquer pequena abertura nas paredes, para que os espíritos perigosos que rondam a aldeia não entrem.

Mas a desordem espacial da aldeia é apenas aparente. Embora cada casa conjugal tenha seu próprio terreno, grupos de casas tendem a dividir um espaço comum, fundindo seus diferentes pátios em uma área contínua. A aldeia é uma constelação desses pátios maiores, que são o cenário principal da vida cotidiana. Tais setores da aldeia que se congregam em torno de um mesmo pátio estão organizados de acordo com a unidade social básica araweté, a família extensa uxorilocal[5]: um casal mais velho, seus filhos solteiros de ambos os sexos e suas filhas casadas, genros e netos. Isso não quer dizer que cada setor da aldeia seja ocupado sempre por casas de pessoas ligadas dessa forma. Na verdade, os arranjos residenciais araweté são bastante variados, assim como a distinção entre setores nem sempre é espacialmente clara.

Os setores residenciais da aldeia podem ser divididos em dois tipos: aqueles formados por famílias com duas gerações de membros casados (cujo modelo é a família extensa uxorilocal) e aqueles formados por grupos de germanos (irmãos e/ou irmãs) casados, com filhos ainda pequenos. O primeiro tipo forma unidades espacialmente mais compactas e socialmente mais integradas, voltando-se de fato para um pátio comum; o segundo é antes composto por pátios próximos ou adjacentes. Esses dois tipos de setor representam dois momentos no ciclo de desenvolvimento temporal das famílias: se a tendência após o casamento é idealmente uxorilocal, com o passar do tempo e a morte do casal mais velho pode-se observar um movimento de reunião espacial de germanos casados, que se mudam com seus respectivos cônjuges. Como também é comum o casamento entre grupos de germanos – dois irmãos casando-se com duas irmãs, ou um par irmão/irmã unindo-se a outro par –, muitas vezes os dois tipos de setor residencial se encontram combinados.

Os setores formados por famílias extensas tendem a abrir uma só roça, que abastece todas as casas do setor; essa roça é identificada ao casal mais velho (os sogros dos homens casados e pais das mulheres). Nos setores compostos por grupos de irmãos adultos, cada casa abre sua própria roça, em geral adjacente às dos outros irmãos.

O que sobressai, na estrutura da aldeia araweté, é seu pluricentrismo, isto é, a ausência de um espaço "público", cerimonial e centralmente situado. A aldeia parece um agregado de pequenas aldeias, "bairros" de casas voltados para si mesmos. A festa do cauim fermentado, a mais importante cerimônia araweté, é sempre realizada no pátio da família que oferece a bebida. A oferenda alimentar mais perigosa, a de açaí com mel para o canibal celeste *Iaracĩ*, é feita no pátio do pajé encarregado de "trazer" esse espírito. Ou seja: a organização cerimonial, se efetivamente contribui para unir a comunidade local, não chega a constituir um centro marcado por um simbolismo religioso. A pajelança cotidiana tampouco se realiza em algum espaço comunal. O templo de um pajé é sua casa: é ali que ele sonha e canta à noite, saindo para seu próprio pátio quando os *Maï* descem. Se precisa devolver a alma de alguém, vai ao pátio do paciente, ou à beira do rio (quando o ladrão de alma é o espírito *Iwikatihã*, o Senhor da Água). Entre os Araweté, portanto, não só não se acham as "casas cerimoniais" de outros povos tupi-guarani, como tampouco o sistema das "tocaias", pequenas tendas de palha onde os

[5] Diz-se "uxorilocal" (do latim *uxor*, esposa) da forma de residência pós-marital em que o marido vai residir com a família da mulher.

pajés recebem os espíritos, presente entre quase todos os tupi-guarani da Amazônia.

Tudo isso sustenta esta conclusão: a aldeia é uma forma derivada, um resultado, e não uma causa. Economicamente, ela é função do milho; sociologicamente, é a justaposição de unidades menores, não seu centro organizador. Ela é o produto do equilíbrio temporário entre as forças centrípetas e centrífugas dos diversos pátios.

Um dia na estação seca

Afora alguns homens que saíram bem cedo para caçar mutum, é só lá pelas 7h que a aldeia começa a se movimentar. As famílias comem algo em seus terreiros; alguns vão visitar o posto; outros, ainda, passeiam por pátios vizinhos, informando-se dos planos dos demais; outros se quedam trabalhando (nessa época, as mulheres descaroçam e batem os flocos de algodão, fiam e tecem desde cedo). A família, então, decide o seu dia. O homem sai para caçar, em geral, com dois ou três companheiros; se não, vai ajudar a mulher a torrar milho, ou vai com ela à roça, buscar milho e batata, aproveitando para caçar nos arredores. Ao meio-dia, a aldeia está vazia. Quem foi à roça já voltou e está dentro de casa, fugindo do sol forte.

O calor da tarde começa a amainar às 16h; a aldeia se reanima. As mulheres pilam milho, recolhem lenha, buscam água, à espera dos caçadores. Os homens que ficaram na aldeia ajudam no serviço do milho ou trabalham na feitura e na manutenção de suas armas.

Entre as 17h e 18h, já escurecendo, vão chegando os caçadores. Sozinhos ou em grupo, entram apressados e silenciosos, ignorando os comentários que sua carga desperta nos pátios por onde passam, só parando no terreiro de suas casas. Então, vão-se banhar, enquanto as mulheres acendem as fogueiras para a refeição noturna. Quando a caçada do dia foi abundante, a animação toma conta de todos. Quem não está ocupado em cozinhar passeia pelos pátios, observando o que lá se prepara. As crianças correm, dançam e brincam pela aldeia; as araras gritam estridentemente, e seus donos começam a recolhê-las.

Ao cair da noite começa uma ronda gastronômica de pátio em pátio. Quando a carne é muita, isso se estende até às 22h ou mais, cada família convidando, sucessivamente, as outras. Os homens dão gritos agudos e prolongados, convocando os moradores de outros setores residenciais a comer o porco, o mutum ou o tatu que se prepara. As famílias vão se reunindo no pátio do anfitrião, trazendo ou não seus filhos pequenos, conforme as estimativas da comida disponível. Cada casal que chega traz seu próprio cesto com paçoca de milho. Todos se sentam em esteiras no chão, perto da carne; tagarela-se, ri-se, a balbúrdia é geral.

Sigamos a marcha do dia. Após as refeições noturnas, a aldeia começa a silenciar. As famílias voltam para seus pátios, onde se deitam a conversar. Por volta da meia-noite, quase todos já estão dentro de suas casas – a menos que uma dança *opirahẽ* esteja sendo realizada em algum lugar da aldeia.

O *opirahẽ* é a única forma de dança praticada pelos Araweté: uma massa compacta de homens, dispostos em linhas, que se desloca lentamente em círculos anti-horários, cantando. Na linha do meio, e no meio desta, vai o cantador (*marakay*), que toca um chocalho de dança para a marcação do ritmo. O cantador começa cada canto, repetido em uníssono pelos demais dançarinos. Após um bloco de canções, os dançarinos se dispersam, sentando nas esteiras à volta do pátio da dança com suas mulheres. Passados alguns minutos, o cantador se levanta; o grupo então se refaz, com cada homem ocupando a mesma posição da etapa anterior no interior do conjunto. Cada linha, composta de dançarinos com os braços entrelaçados, segue praticamente colada à linha seguinte. Nas linhas da frente seguem os mais jovens. As mulheres podem vir juntar-se ao grupo: passam o braço por debaixo do de seu parceiro, segurando seu ombro e ali repousando a cabeça; elas sempre formam no exterior do grupo, nunca ficando entre dois homens. Uma mulher dança com seu marido, ou então com seu *apĩno*, seu "namorado"[6]; nesse caso, seu marido deve dançar com a esposa daquele homem, no outro extremo da mesma fila.

Um *opirahẽ* pode ser organizado por simples diversão, por um grupo de jovens, ou pode ser parte do ciclo de danças noturnas executadas durante a preparação do cauim, e que tem seu clímax na noite da festa. O *opirahẽ* é também a forma de comemoração da morte de uma onça ou de um inimigo. Seu modelo, porém, é sempre o mesmo: o *opirahẽ* é uma dança de guerra. Todos os participantes devem portar suas armas, ou pelo menos uma flecha, carregada verticalmente contra o peito; e os cantos de *opirahẽ* são "música dos inimigos", canções que falam de combates. O paradigma do cantador é o guerreiro.

[6] Ver adiante o capítulo "A amizade", pp. 105-8.

A ação coletiva: os *tenotã mõ* e os *tã ñã*

Os Araweté são um povo orgulhosamente individualista, refratário a qualquer forma de "coletivismo" e de comando, em que as pessoas se recusam a seguir as outras, preferindo ostentar uma independência obstinada. Aos olhos ocidentais, sempre preparados para julgar as coisas pelo ângulo da "coordenação" e da "organização", sua vida dá uma singular impressão de desordem e descaso. Era-me sempre muito difícil determinar o momento inicial de qualquer ação coletiva: tudo parecia ser deixado para a última hora, ninguém se dispunha a começar coisa alguma...

Na verdade, é exatamente pelo fato de a ação coletiva ser, aos olhos araweté, ao mesmo tempo uma necessidade e um problema, que a noção de *tenotã mõ*, "líder", designa uma posição onipresente mas discreta, difícil mas indispensável. Sem um líder não há concerto coletivo; sem ele não há aldeia.

Tenotã mõ significa "o que segue à frente", "o que começa". Essa palavra designa o termo inicial de uma série: o primogênito de um grupo de irmãos, o pai em relação ao filho, o homem que encabeça uma fila indiana na mata, a família que primeiro sai da aldeia para excursionar na estação chuvosa. O líder araweté é, assim, o que começa, não o que comanda; é o que segue à frente, não o que fica no meio.

Toda e qualquer empresa coletiva supõe um *tenotã mõ*. Nada começa se não houver alguém em particular que comece. Mas entre o começar do *tenotã mõ*, em si mesmo algo relutante, e o prosseguir dos demais, sempre é posto um intervalo, vago mas essencial: a ação inauguradora é respondida como se fosse um polo de contágio, não uma autorização.

O puro contágio – a propagação de uma atividade sem concerto, em que cada um faz por sua conta a mesma coisa – é a forma corriqueira de ação econômica araweté. Um belo dia, por exemplo, duas vizinhas põem-se a preparar urucum. Não por haver cerimônia em vista, ou porque esta seja a época do urucum, mas apenas porque o decidiram. Em algumas horas, veem-se todas as mulheres da aldeia a fazer o mesmo. Um homem passa distraído por um pátio alheio, vê outro a fabricar flechas; resolve fazê-lo também, e daí a pouco estão os homens sentados em seus pátios, a fazer flechas. Essa forma de propagação deve ser distinguida daquelas atividades em que o sinal para a ação é dado pela natureza. E, mesmo aí, a emulação é importante: após um longo período de vida na aldeia, um grupo de famílias decide excursionar; no espaço de alguns dias, vários outros grupos saem, cada qual numa direção, como se de repente todos descobrissem que não aguentavam mais o tédio da vida em comum.

Essa forma de ação "coletiva" aparece como uma solução interessante para o problema do começar, uma vez que cada um faz a mesma coisa, ao mesmo tempo, mas para si, numa curiosa mistura de submissão ao costume e à manutenção da autonomia. Ela manifesta uma tendência à repetição extrínseca das atividades, o que é consoante com a autonomia dos pátios e setores da aldeia.

Mas algumas atividades fundamentais não são realizáveis sem um *tenotã mõ*. Mesmo que a forma de trabalho seja a cooperação simples, elas supõem um início formal. As principais são: as caçadas coletivas, cerimoniais ou não; a colheita e o processamento de milho, açaí etc. para uma festa de *peyo* (pajelança); a dança *opirahẽ*; as expedições de guerra; a escolha do sítio de roças multifamiliares e do lugar de aldeias novas.

Um *tenotã mõ* é alguém que decide onde e quando se vai fazer algo, e que sai na frente para fazê-lo. Quem propõe a outrem uma empresa é o *tenotã mõ* dela; quem pergunta "vamos?" vai na frente, caso contrário nada acontece.

Ocasiões diversas têm *tenotã mõ* diversos, o que faz circular a função de liderança (que, às vezes, não é mais que esse gesto de começar) entre todos os adultos. O líder de uma empresa pode ser aquele que teve a ideia dela ou que sabe como levá-la a cabo. Tal posição pode caber a mais de um indivíduo para a mesma tarefa. E a aldeia pode fracionar-se em diversos grupos, cada qual com seu *tenotã mõ*. Ao líder incumbe a convocação dos demais e o movimento inicial. Aos poucos, os outros o seguem.

A posição de *tenotã mõ* é vista como algo constrangedor. Um líder é alguém que não tem "medo-vergonha" (*čiyie*) de se arriscar a convocar os outros. Ele precisa saber interpretar o clima vigente na aldeia, antes de começar de fato, ou ninguém o segue. O processo efetivo de tomada de decisões é discreto – conversas aparentemente distraídas nos pátios noturnos, declarações a ninguém em particular de que se vai fazer algo amanhã, combinações confidenciais de grupos de amigos, tudo isto termina por gerar um líder para uma tarefa.

Mas, para além dessa forma de determinação de posições temporárias e limitadas de liderança, toda a aldeia reconhece um homem, ou melhor, um casal, como *ire renetã mõ*, "nossos líderes", uma posição fixa e geral.

Em 1981-3, Yirĩnato-ro teria seus 45 anos, e estava casado com Arado-hi, uma viúva dez anos mais velha. Eles tinham duas filhas casadas, jovens, que moravam no mesmo setor residencial, juntamente com outra "filha" (isto é, uma parenta classificada junto com a filha no sistema de parentesco araweté), um "genro" e um "irmão" casado. Esse setor abria uma só roça, a maior da aldeia, visto contar com o maior número de homens para a derrubada. Três outras casas dividiam o mesmo pátio, mas não trabalhavam na mesma roça. Esse era o pátio mais animado da aldeia; não só havia ali muita caça (o *tenotã mõ* e seus genros eram excelentes caçadores, e foram os primeiros a dominar o uso de espingardas), como o casal principal era o mais frequente anfitrião de banquetes coletivos. Yirĩnato-ro é um pajé respeitado pela beleza e originalidade de seus cantos; é ele quem costuma realizar a pajelança do açaí com mel de xupé, o mais perigoso. Era um bom cantador de *opirahẽ*, embora não fosse um guerreiro (isto é, alguém que já houvesse matado um inimigo). Por fim, ele sempre foi muito hábil no trato com os brancos e a Funai.

Enquanto *tenotã mõ*, cabia a Yɨrĩñato-ro abrir as temporadas de coleta de mel, de pesca com timbó e a dispersão na mata no tempo das chuvas. As pessoas sempre me respondiam, toda vez que eu perguntava se e quando iriam fazer essas coisas: "o *tenotã mõ* é quem sabe", "esperemos Yɨrĩñato-ro decidir". Isso significava não a espera de uma ordem, mas de um estímulo, de um movimento que pusesse a atividade em causa no horizonte coletivo de escolha. Não se tratava de esperar que ele começasse, mas de deixar tudo como estava, até que ele começasse; então, todos (isto é, cada um) decidiriam o que fazer.

De fato, a primeira grande excursão para a coleta de mel em 1982 deu-se no dia em que Yɨrĩñato-ro saiu, seguido por um terço da aldeia[7]. Outros grupos menores tomaram direções diversas, cada qual liderado por um *tenotã mõ* que havia marcado uma colmeia. Antes desse dia, várias famílias já haviam saído para tirar mel, mas apenas no dia em que Yɨrĩñato-ro saiu é que quase todas as famílias foram. Os grupos de caça em que ele era o *tenotã mõ* tendiam a congregar mais homens que quando outros ocupavam tal posição; ele era líder de caçadas mais frequentemente que os demais. A ele caberia ainda o movimento inicial para a dispersão da estação chuvosa. No inverno de 1983, entretanto, nem ele nem a maioria da aldeia excursionou; mesmo assim, um grupo razoável de famílias foi para a mata, ali se demorando um mês. Mas, tivesse ele ido, diziam-me, então, "todos" o teriam feito.

Na verdade, o âmbito das atividades em que Yɨrĩñato-ro agia formalmente como *tenotã mõ* da aldeia era mínimo. Só fui descobrir que ele era tal coisa quando aprendi a palavra e a função em seus aspectos gerais; jamais suspeitara de qualquer eminência especial de sua parte. Como todos os demais araweté, Yɨrĩñato-ro trabalha na roça, caça, fabrica e repara suas armas; ser o "líder" não o isenta de prover sua própria subsistência.

As palavras e ações de Yɨrĩñato-ro, apesar de sua posição de *tenotã mõ* e de seu prestígio como pajé, têm um peso limitado. Suas iniciativas de fato congregam mais gente e são capazes de tirar da inércia um maior número de casas. Mas isto parece se dever tanto à posição formal de chefia quanto à grande aplicação do casal em estabelecer laços de amizade cerimonial com diferentes setores residenciais, e a uma hábil política matrimonial para suas filhas. Exceto enquanto membro da classe de homens respeitáveis, o chefe nada tem a dizer sobre decisões como a organização da festa do cauim; tampouco lhe cabe abrir a temporada do cauim doce, que reúne a aldeia após a estação das chuvas. Por que, então, ele era o "nosso líder"?

Yɨrĩñato-ro e a esposa são os *tã ñã*, os "donos da aldeia" – daquela aldeia junto ao Posto Indígena Ipixuna. *Tã ñã* é o casal ou casais que primeiro abriram uma roça de milho no sítio de uma aldeia nova, à volta da qual se foram agregando outras roças e outras casas. O *tã ñã*, assim, é o fundador de uma aldeia, e é isso que o transforma em *tenotã mõ*. Ele é o "dono da aldeia" na medida em que esta se ergue em um espaço

[7] Conforme relata o capítulo "Uma excursão à floresta". pp. 65-7.

que ele abriu ou marcou, e que foi derrubado por sua família extensa. Toda aldeia, portanto, é uma ex-roça (*ka pe*, capoeira) de uma ou mais famílias fundadoras.

Vê-se, assim, que não só a aldeia, mas sua chefia, são função do milho, e que a noção de *tenotã mõ* de aldeia não é mais que o desenrolar temporal do movimento de começar uma aldeia nova. O nome "dono da aldeia" não significa que seu portador disponha de qualquer direito sobre o solo aldeão: não determina onde as famílias dos outros erguerão suas casas, onde farão suas roças; não é responsável por nenhum espaço comunal; não coordena trabalhos públicos.

A situação dos Araweté desde 1976, particularmente o fato de que sua única aldeia reunia os remanescentes de diversos grupos locais, tendo, além disso, uma população bem maior que a das aldeias tradicionais, certamente explica a grande autonomia dos setores residenciais, e consequentemente a minimização da posição de "dono da aldeia" e "líder". A autoridade de um "dono de aldeia" tradicional deverá ter sido algo maior, exatamente porque os grupos locais eram menores. O que hoje é a grande autonomia dos setores residenciais, no passado deve ter sido a autonomia dos grupos locais, que então estavam mais próximos de sua matriz sociológica, a família extensa uxorilocal.

Em 1991-2, a posição de Yĩrĩñato-ro e de Arado-hi havia mudado um pouco. Continuavam como *tã ñã*, pois todos continuavam morando no mesmo lugar. Mas já se falava em mudar o sítio da aldeia; havia gente dizendo que iria se separar e fundar aldeias menores. O crescimento da população, o tempo excessivamente longo de ocupação da aldeia (que tornava as roças cada vez mais distantes e a situação sanitária cada vez mais desagradável), o número de pessoas que haviam morrido lá – tudo isso aumentava as tensões e insatisfações, e militava em favor desses planos de mudança e talvez de dispersão. A aldeia do Posto, em outras palavras, começava a ser desvalorizada; junto com ela, baixava lentamente o prestígio e a visibilidade dos *tã ñã*. Nos dez anos que separam minhas duas principais visitas aos Araweté, outras mudanças ocorreram, desta vez na situação familiar do casal líder. Sua filha mais velha ficou viúva e casou-se com o irmão do marido de sua irmã mais nova. Ambas as irmãs se mudaram da seção de seus pais: a mais velha foi morar na seção do marido e do sogro, a mais moça se estabeleceu em um novo "bairro" da aldeia ocupado por jovens casais. Uma outra "filha" do casal, também casada, mudou-se para esse mesmo bairro. Com isso, a equipe de trabalho do setor de Yĩrĩñato-ro perdeu seis adultos; sua roça coletiva diminuiu de tamanho, seu pátio perdeu algo da animação que o caracterizava. Ao mesmo tempo, o sogro das duas filhas do casal, Awara-ro, começava visivelmente a assumir algumas das funções de *tenotã mõ* que antes cabiam a Yĩrĩñato-ro. Mais jovem (cerca de 40 anos), dinâmico e dotado de uma vasta parentela na aldeia, Awara-ro será provavelmente o *tã ñã* da nova aldeia araweté, ou de uma das aldeias que vierem a resultar da dispersão planejada. Um de seus filhos, aquele casado com a filha mais moça de Yĩrĩñato-ro, é também um dos jovens mais ativos do grupo, com grande domínio do português e muita influência na condução das relações entre os Araweté e os brancos.

Como a Funai vê os Araweté

Este é um trecho da entrevista feita pela equipe do Cedi em 10 de abril de 1992 com Antônio Lisbôa Dutra, atendente de enfermagem da Funai que conviveu 12 anos com os Araweté. Lisbôa teve longa experiência anterior com os Kayapó e costuma contrastar a estrutura política dos dois grupos. Para ele, os Araweté são um povo completamente acéfalo. Isso mostra como as funções de tenotã mõ e de tã ñã são pouco visíveis aos brancos, para desespero destes:

Comparando com os Kayapó, como são os Araweté?

O índio Kayapó... a única vantagem do grupo Jê é por causa disso, aliás, ou os Kayapó ou outros que tenham chefe, mas o Kayapó é o que mais se destaca, é porque tem chefe, tem o líder. Isso é o que eu acho mais importante no Kayapó, que não tem outro índio no planeta.

E o Araweté, como é?

Todo índio também, de um certo modo, tem um certo líder. Mas o que é zero, zero, zero, zero são os Araweté. Porque no Koatinemo [Posto dos índios Asurini], assim que eu cheguei mais o Cotrim, eu conheci logo. Porque o Cotrim [dizia]: "esse cara aqui é que é o líder" – era o Morera. Ele sempre estava perto da gente, estava sempre ali, dando nome, explicando. A gente também não estava entendendo, mas era ele. No Asurini lá do Trocará [outro grupo tupi do Tocantins], tinha um índio chamado Cajuangá, que é o cacique, quer dizer, é o líder, não é como o Kayapó, mas é o líder. Nos Araweté, rapaz, é de um jeito tal que o índio não obedece o outro de maneira-qualidade. É uma coisa horrível. É preciso que você fale de um por um. Um não convida o outro, não. Se ele for, bem; se ele quiser dar uma ajuda, dê, mas ele convidar, ele não convida de jeito-qualidade. Não vai. Praticamente, uma coisa também que eles têm, mas isso até nós também parece que temos isso: eu empresto essa enxada para você, você está com ela lá dois dias, já terminou, está lá encostada; vem esse índio aqui, chega e me pede, eu digo: "rapaz, não está aqui não, vai na casa de fulano e pede lá a enxada". Ele não vai, de maneira nenhuma, seja que objeto for. Se eu que sou o dono não for lá para pegar a enxada e dar para esse, esse não vai. Nos Araweté é assim.

Esse jeito deles dificulta o trabalho de vocês?

Demais, demais. Porque é problema demais. É preciso levar de um por um, explicar uma coisa, é dar de um por um. Porque o Kayapó você só fala pra um. Rapaz, isso é que eu acho lindo. Você chegou com qualquer coisa, com mercadoria, aí é esse aqui que é o cacique, fulano de tal, é o... Onça [chefe dos Kayapó-Xikrin do Bacajá]: "óia, Onça, é assim, assado, cozido, está aqui, para você tem a parte aí, pronto, pronto!". Ninguém pia. Está um bocado de homem aí e ninguém pia.

A cauinagem

A festa

Quando uma família decide oferecer uma festa de cauim, avisa toda a aldeia e pede quanta panela houver, de todas as casas. Inicia então a labuta: marido e mulher pilam milho, cozinham-no, a mulher mastiga a massa (para fermentar) e coa o mingau. O casal deve manter abstinência sexual durante todo esse período, do contrário o mingau não fermentará. O marido sai menos para caçar, indo todos os dias à roça buscar milho. As panelas cheias vão sendo enfileiradas dentro da casa, ao longo das paredes.

Ninguém de fora deve olhar o cauim fermentando, ou o processo desanda. Todas as noites, dança-se no pátio do anfitrião, para "fazer esquentar o cauim" – uma referência não só ao cozimento do mingau, mas ao processo de fermentação, que libera uma considerável quantidade de calor. As manhãs são marcadas pelo consumo coletivo do *hati pe*, o bagaço azedo que é separado do líquido em fermentação.

Entrementes, o dono do cauim convida um homem para ser o cantador da festa; ele será também o líder da caçada ritual que precede a cerimônia. Quando todo o mingau já foi processado e está a fermentar, o dono avisa ao cantador que é tempo de sair para a caçada, dita *kã'ĩ mo-ra*, "fazer fermentar o mingau".

A expedição de caça reúne todos os homens da aldeia, com exceção do anfitrião, que deve permanecer na aldeia zelando pela fermentação da bebida, e do pajé que estiver encarregado de realizar a cerimônia do "serviço do cauim" *(kã'ĩ dokã)*.

Liderados pelo cantador, os homens partem. Na aldeia, ficam as mulheres a torrar milho e recolher lenha para a carne que virá. Toda noite, elas dançam no pátio do anfitrião, lideradas pela esposa do cantador. Essas danças são arremedos jocosos do *opirahẽ* masculino: as canções araweté, de dança ou de pajelança, são sempre de autoria masculina, pois só os homens são guerreiros e pajés, e só eles podem trazer os *Maï* à terra. Por isso, as mulheres podem apenas repetir as canções masculinas, jamais compondo novas canções.

A pajelança chamada "serviço do cauim" realiza-se tarde da noite, na véspera da chegada dos caçadores. As panelas são trazidas de dentro da casa do dono, colocadas em seu colo, e esvaziadas pelos *Maï* e almas de mortos trazidas pelo pajé para tomar a bebida. O pajé narra uma festa de cauim invisível, na qual os *Maï* e os mortos se atropelam em volta das panelas, bebendo à saciedade. Essa cauinagem mística é assistida pelas mulheres, que depois contam a seus maridos o que disseram os visitantes celestes. O cauim alcoólico será, quando tomado no dia seguinte pelos homens, definido como *Maï dêmïdo pe*, "ex-comida dos deuses". Essa é a mesma expressão que designa os mortos celestes, que foram devorados pelos *Maï* ao chegar ao céu e em seguida ressuscitados por estes.

Horas antes da festa, os homens retornam da caçada. Perto da aldeia, detêm-se a esperar os retardatários e aguardam o cair da tarde. Todos então se banham e põem-se a fabricar os *terewo*, trombetas espiraladas feitas de folíolos de babaçu, de som cavo e pungente. Prontos, seguem caminho, soando os *terewo,* que se ouvem desde muito longe. As mulheres correm a banhar-se e a embelezar-se, e acendem as fogueiras. Ao chegar à aldeia, os homens se dispersam silenciosos e compenetrados, indo para suas casas. As carnes que trazem são postas sobre moquéns ou jiraus para continuar a assar. Logo se ouve o dono do cauim convocar todos – em primeiro lugar, o cantador – para uma prova da bebida que será servida. Cai a noite. As famílias vão para seus pátios decorar-se; essa é a ocasião em que os Araweté se apresentam mais enfeitados, sobretudo o cantador, com o diadema de penas de arara, a cabeça emplumada de branco, o rosto decorado com penas de cotinga e resina perfumada, o corpo rebrilhando de urucum fresco: *Maï herĩ*, "como um deus". O dono do cauim, ao contrário, não se pinta nem se enfeita; ele é um servidor dos convivas.

Por volta das 21h, o cantador se levanta em seu pátio e começa a convocar os demais. Chama primeiro os *marakay rehã*, aqueles que dançarão a seu lado, posição combinada durante a caçada, e que cabe a alguns de seus *apĩhi-pihã,* amigos cerimoniais[8].

Após a chegada do cantador, que ocupa com sua família o lugar mais próximo à porta do anfitrião, as famílias vão se instalando em esteiras à volta do pátio da festa. Aos poucos começa a dança, constantemente interrompida pelo dono do cauim, sua esposa e filhos, que servem cuias cheias de bebida aos dançarinos. É ponto de honra tomar de um só gole todo o conteúdo da cuia (meio litro). As panelas se esvaziam rapidamente e vão sendo amontoadas a um canto. Todos devem beber – exceto a família dos donos da bebida, que apenas serve. Diz-se também que parentes próximos do casal anfitrião devem tomar pouco da bebida, sobretudo se dividem o mesmo pátio e plantam a mesma roça de milho. Essa norma sugere duas ideias: não se deve tomar cauim mastigado por uma parenta próxima nem produzido com o milho da própria roça.

A situação atual de reunião de todos os araweté em uma só aldeia esconde uma oposição que era fundamental na festa do cauim: o cantador deveria vir sempre de uma aldeia outra que a do dono do cauim. Essa festa reunia tradicionalmente mais de uma aldeia, e os homens das aldeias convidadas formavam o núcleo principal dos dançarinos, entremeados por alguns amigos cerimoniais da aldeia do anfitrião. O patrono do cauim encarnava a aldeia anfitriã, o cantador, as aldeias convidadas; os corresidentes do dono da festa estariam numa situação intermediária, dançando menos e tomando menos cauim que os convidados. Os corresidentes do casal patrono, contudo, também saíam para caçar; como hoje, apenas o dono do cauim ficava na aldeia, para acompanhar a fermentação.

[8] Ver adiante o capítulo "A amizade", pp. 105-8.

Voltemos à festa. Com o passar do tempo e das sucessivas rodadas de cauim, os dançarinos vão-se embriagando, e algumas mulheres se animam a dançar. Os homens vomitam o cauim que lhes é implacavelmente servido; o maracá do cantador, os *aray* dos pajés (que podem estar, em diferentes locais do pátio, fechando o corpo de crianças pequenas para que seus pais possam beber sem prejudicá-las), os cantos de uns e dos outros se misturam; ouvem-se gritos e risadas. Alguns começam a chorar desesperadamente, os mais velhos porque lembram dos filhos mortos, outros apenas balbuciam frases sem nexo. Quando se está bêbado de cauim, dizem os Araweté, espigas de milho ficam a girar diante de nossos olhos, entontecendo-nos.

A cauinagem termina às primeiras luzes da aurora; poucos restam de pé. O cantador é sempre o último a se retirar do terreiro. Se ainda sobraram panelas de cauim, no dia seguinte a festa tem de continuar. Ao cair da tarde, os homens se reúnem dentro da casa do dono, e ali ficam cantando e bebendo até que o sol se ponha. Só então se transferem para o pátio, onde cantam até a última gota da bebida ser servida. Exaustos – nem todos aguentam essa segunda rodada –, dispersam-se; é o fim da festa.

Durante a festa do cauim, ninguém come nada – nisso os Araweté se parecem mais uma vez com os Tupinambá, que chamaram a atenção dos primeiros observadores europeus (vindos de uma civilização na qual se tomava vinho durante as refeições) por jamais beberem enquanto comiam e vice-versa. No dia seguinte à festa, as mulheres dos caçadores, lideradas pela esposa do cantador, vão até a casa da dona do cauim e lhe entregam parte da caça trazida por seus maridos. Essa carne é o *kã'ĩ pepikã*, o "pagamento do cauim". O casal dono do cauim irá convidar, em seguida, todos os membros da aldeia para comer da carne que receberam. O "pagamento", como se vê, termina sendo repartido com aqueles mesmos que "pagaram": são razões sociais que presidem essas trocas alimentares, não razões meramente econômicas.

Os valores simbólicos da cauinagem

[9] Os Araweté, como a maioria dos outros povos indígenas brasileiros, sustentam que um só ato sexual não é suficiente para uma boa concepção. O feto é literalmente fabricado por um aporte constante de sêmen paterno durante os primeiros meses da gestação.

Por trás dessa festa aparentemente confusa e tumultuada, existe uma série de associações simbólicas importantes: o cauim é uma bebida carregada de significados. Vejamos, em primeiro lugar, o papel do dono do cauim. Ele ocupa uma posição feminina: dedicado ao milho, não caça, não dança, não bebe. Por outro lado, seu papel é uma síntese de dois estados masculinos típicos: o do pai de criança pequena e o de homem em trabalho de fabricação de filho. Como o primeiro, ele não pode ter relações sexuais nem deve sair da aldeia; como o segundo, ele "esquenta o cauim", cozinhando-o e zelando por sua fermentação, como um homem deve "esquentar o feto" por meio de cópulas frequentes com sua mulher, um processo indispensável à boa gestação[9].

Os Araweté não me traçaram paralelos explícitos entre a fermentação do cauim e a gestação. Mas há uma série de associações entre esses dois processos. Em primeiro lugar, tanto a fermentação quanto a gestação fazem-se através das mulheres, e são vistas como transformações (*heriwã*) de uma matéria-prima: o sêmen masculino, matéria exclusiva da criança (os Araweté sustentam que a mulher não contribui com nenhuma substância na formação do filho), é transformado no útero materno; o milho cozido com água transforma-se em cauim na boca da mulher que o mastiga. Por isso, aliás, uma mulher menstruada não pode mastigar cauim, e se uma dona do cauim que estiver grávida abortar durante a fabricação da bebida, esta deve ser jogada fora. Os pais de crianças pequenas não podem ter relações sexuais nem tomar cauim: a criança se encheria com o sêmen paterno ou com o cauim tomado, engasgando-se e morrendo sufocada.

Vê-se uma oposição entre sêmen e cauim que reforça sua ligação: o primeiro vai dos homens para as mulheres, mas o segundo vai das mulheres – que o mastigam e quase não o bebem – para os homens. A cauinagem é a única ocasião em que as mulheres (ou o casal anfitrião, que ocupa uma posição feminina) servem os homens. Cheios de cauim, os dançarinos incham e dizem ficar barrigudos como as mulheres grávidas. Tem-se como um processo de "inseminação artificial", em que o cauim surge como uma espécie de "sêmen feminino".

Por seus efeitos entontecedores, o cauim é ainda comparado ao timbó, a liana usada pelos Araweté como veneno de pesca. Diz-se que o cauim é um "matador de gente", como o timbó é um "matador de peixe": "na cauinagem ficamos como os peixes bêbados de timbó". A comparação é boa, pois o timbó não é veneno propriamente, mas um narcótico. Se os peixes não forem capturados enquanto tontos, reanimam-se e escapam. Esse caráter de veneno atenuado do cauim de milho tem uma expressão proverbial: "o suco da mandioca brava nos mata de verdade, o do milho não".

Outra associação do cauim é com o leite materno: os Araweté dizem que o leite é o "cauim das crianças". Por isso, os pais de crianças de peito devem submetê-las à operação de "fechamento do corpo" executada por um pajé, caso contrário o cauim, esse leite dos adultos, passa para o corpo da criança e a mata. Tal associação entre o cauim e o leite reforça-se quando recordamos a posição "nutriz" das mulheres diante dos homens, durante a cerimônia. Note-se ainda que é comum as mães alimentarem seus bebês com comida previamente mastigada por elas – como o cauim o é. Sêmen feminino, veneno suave, leite azedo, o cauim é uma bebida que condensa diversas evocações simbólicas.

Finalmente, a principal referência da cauinagem é a guerra. A caçada cerimonial que precede a festa é simbolicamente uma expedição guerreira. O cantador, líder da caçada, é um guerreiro; um dos apelidos jocosos dados aos inimigos é *kã'ĩ nãhi*, "tempero do cauim" – isto é, aquilo que lhe dá sabor, que o anima. Isto evoca o fato de que a morte de um inimigo na guerra era sempre comemorada com uma grande cauinagem, na qual o guerreiro que matou o inimigo oficiava como cantador.

As relações sociais

O parentesco

10 "Ego" é como a antropologia designa a posição a partir da qual se descrevem as relações de parentesco. Assim, "irmãos de mesmo sexo de ego" significa: tomando-se uma pessoa qualquer como referência, considerem-se seus germanos de mesmo sexo que ela. "Primos cruzados" são aqueles primos filhos dos germanos de sexo oposto ao do parente de ligação, isto é, os filhos do tio materno (irmão da mãe de ego) e os filhos da tia paterna (irmã do pai). Muitas sociedades humanas, entre elas os Araweté, distinguem radicalmente entre os primos cruzados e os primos paralelos (filhos de germanos de mesmo sexo dos pais de ego, isto é, dos irmãos do pai e das irmãs da mãe de ego). Os primeiros são costumeiramente considerados como cônjuges ideais de uma pessoa, os segundos são assimilados aos irmãos, e o casamento com eles é proibido.

Como parece ser o caso em toda sociedade não industrial, pequena e morfologicamente simples, a vida cotidiana araweté reserva às categorias e atitudes de parentesco um papel maior. As formas de cooperação econômica, os arranjos residenciais, os alinhamentos políticos, tudo isso é função das relações de parentesco, por consanguinidade ou afinidade, entre as pessoas. O casamento não é uma simples união entre dois indivíduos, mas uma aliança entre suas respectivas parentelas, que pode (e idealmente deve) consolidar-se por outras uniões matrimoniais entre esses grupos de parentes. Os Araweté se casam muito cedo, as mulheres por volta dos 12 anos, os homens, dos 15; as uniões são muito instáveis até o nascimento do primeiro filho (o que se dá por volta dos 16 anos para as mulheres), quando então se tornam sólidas e dificilmente se rompem antes da morte de um dos cônjuges. Como não se concebe a vida de uma pessoa adulta fora do estado matrimonial, dificilmente alguém fica solteiro por muito tempo: pessoas mais velhas, assim que enviuvam, costumam formar uniões com jovens que ainda não atingiram a idade de casar com alguém de sua faixa de idade. É, assim, relativamente comum ver homens de 60 anos morando com meninas de 10 anos, ou mulheres de 50 anos com rapazolas de 12. Trata-se de arranjos sobretudo econômicos, em que o casal funciona como uma unidade de residência, de produção e consumo alimentar; mas os jogos sexuais não estão excluídos.

O termo genérico para "parente" é *anĩ*, que em sua acepção mais restrita denota os irmãos de mesmo sexo de ego[10]; meus parentes são meus *dĩ*, meus "outros-iguais", gente semelhante a mim. O termo para "não parente" é *tiwã*, cuja determinação genealógica mais próxima são os primos cruzados de mesmo sexo; os *tiwã* são *amĩte*, gente "diferente". *Tiwã* é um termo ambíguo. Ele traz uma conotação agressiva ou "picante", e não se costuma usá-lo como vocativo para outro araweté. Ele indica uma ausência de relação de parentesco, um vácuo que pede preenchimento. Um *tiwã* é uma possibilidade de relação: um cunhado ou um amigo potenciais. Os *tiwã* se tratam apenas por nomes pessoais. *Tiwã* é o vocativo com que os Araweté tratam os brancos cujo nome desconhecem; e é o termo de tratamento recíproco entre um matador e o espírito do inimigo morto. Aplicado a um estrangeiro, ele particulariza a "relação" genérica negativa que há entre os *bïde* e os *awĩ*. Chamar alguém pelo vocativo *awĩ* é impensável, pois *awĩ* são seres "para matar" (*yokã mi*), com os quais não se fala; assim, chamar um inimigo de *tiwã* é criar esse mínimo de relação que reconhece ao outro a condição de humano (*bïde*).

A terminologia de parentesco araweté é extensa e se organiza segundo princípios bastante diferentes daqueles que subjazem a nossa forma de classificar os parentes. Basta aqui observar que os Araweté chamam de "irmão", "irmã", "filho", "filha", "pai", "mãe" pessoas que nós consideraríamos primos, sobrinhos ou tios, e às vezes simples parentes distantes. Em princípio, todas as mulheres classificadas como "mãe", "irmã" ou "filha" são proibidas a ego dos pontos de vista sexual e matrimonial; digo "em princípio" porque essa norma se aplica com rigor apenas para as parentas mais próximas dessas categorias, as primeiras delas sendo a mãe, as irmãs ou as filhas "reais" – aquelas consideradas como tendo gerado ego, ou tendo sido geradas pela mãe ou esposa de ego. O casamento com a filha da irmã (a sobrinha uterina) é considerado permissível, e mesmo desejável, embora a maioria dos Araweté entenda que esse tipo de união só é realmente apropriado quando se trata de uma "sobrinha" distante. O casamento com a sobrinha uterina, chamado em antropologia de casamento avuncular (do latim *avunculus*, "tio materno", pois se trata de uma união entre um tio materno e sua sobrinha uterina), é bastante comum entre os povos tupi-guarani e caribe da América do Sul.

Ao contrário da maioria das sociedades indígenas brasileiras, os Araweté não consideram que todos os membros do grupo sejam aparentados; para uma pessoa qualquer, muitos dos demais moradores da aldeia do Ipixuna são *tiwã*, não parentes. A presença de tantos *tiwã* em uma sociedade de duzentas pessoas se explica em parte pela separação longa entre os grupos meridional e setentrional de Araweté antes do contato. Os *tiwã* eram, em geral, qualificados como *iwi rowãñã ti hã*, "gente do outro lado da terra", isto é, de um outro bloco de aldeias.

O ideal verbalmente expresso define os primos cruzados como os cônjuges por excelência. O casamento com a filha do irmão da mãe é chamado "casamento do *iriwã*", um pássaro que em um mito se casa com a filha da cobra jararaca, seu tio materno; o casamento com a filha da irmã do pai é o "casamento do gavião-real", conforme outro mito. É comum que os adultos determinem os cônjuges futuros das crianças, emparelhando-as a seus primos cruzados. De 1983 a 1991, observei que apenas um pequeno número desses casais chegou a estabilizar-se, mas muitos dos primeiros casamentos deram-se entre primos cruzados.

Outra forma de compromisso matrimonial é aquela em que um tio materno ou uma tia paterna reserva uma criança para futuro cônjuge, pedindo-a à própria irmã (mãe da criança) ou irmão (pai da criança). Esses casamentos (e aqueles com os primos cruzados) são vistos como uma forma de se manterem juntos parentes próximos ou, mais precisamente, como o resultado da ligação afetiva entre irmão e irmã. "Desejam-se" (*pitã*) os filhos dos germanos de sexo oposto, para si mesmo ou para os próprios filhos – assim, dizem os Araweté, "não nos dispersamos". Observa-se, por fim, uma tendência à repetição de alianças entre parentelas, gerando redes de aparentamento muito intrincadas.

Não conheço palavra específica para "incesto". Há um termo, que não sei traduzir, que qualifica uniões não muito próprias, *awĩde*. Ele se aplica a casamentos entre irmãos distantes e a uniões entre tios e sobrinhas reais. Menos adequados que os casamentos com *tiwã*, os casamentos *awĩde* não são, a rigor, incestuosos. O incesto (que se descreve como um "comer" a mãe, a irmã etc.) é algo muito perigoso: o casal culpado morre de *ha'iwã*, definhamento que sanciona toda infração cósmica; e, pior que

tudo, os inimigos se abatem sobre a aldeia. As aldeias de incestuosos, diz-se, costumam acabar tão crivadas de flechas inimigas que os urubus nem sequer conseguem bicar os cadáveres...

O tom das relações interpessoais é bastante relaxado, e as posições de parentesco são pouco diferenciadas em termos das atitudes. Uma única relação é definida como envolvendo "medo-vergonha" (*čiyie*), por definição: entre irmão e irmã. (Digo "por definição" porque outras situações envolvem "medo-vergonha" temporário e extrínseco. Assim, todo jovem que vai residir uxorilocalmente sente-se constrangido diante dos sogros, mas isso rapidamente se dissipa.) Isso não significa evitação: germanos de sexo oposto visitam-se frequentemente, demonstram grande estima recíproca e são o principal apoio moral de uma pessoa. Uma mulher recorre ao irmão mais que ao marido, em uma briga com estranhos; se estoura uma querela conjugal, são sempre os irmãos de sexo oposto que acorrem a consolar os cônjuges. Essa solidariedade é respeitosa, e as brincadeiras de fundo sexual tão apreciadas pelos Araweté jamais têm por objeto um germano de sexo oposto.

O ataque de inimigos sobre uma aldeia tornada "mole" (*time*) e desprevenida sanciona outra falta grave às normas sociais: a hostilidade física ou mesmo verbal entre irmão e irmã. Vemos, assim, que as infrações simétricas da distância própria entre irmão e irmã – amor demais ou de menos, digamos – atingem a sobrevivência do grupo inteiro, o que sugere a centralidade dessa relação na vida social araweté.

Germanos de mesmo sexo são igualmente solidários, e são os parceiros de trabalho mais comuns. A liberdade entre eles é grande, embora não chegue nunca à camaradagem jocosa dos *apɨhi-pihã*. As irmãs, sobretudo, são extremamente unidas. Contudo, note-se que a ordem de nascimento, marcada, aliás, na terminologia de parentesco, gera uma diferença que se exprime na autoridade dos mais velhos sobre os mais jovens.

As relações conjugais araweté são notavelmente livres, mas ambivalentes. O contato corporal público, mesmo erótico, é admitido, e quando as coisas vão bem os casais são muito carinhosos. Por outro lado, cenas de ciúme são frequentes. Os maridos de mulheres jovens são muito ciosos e vigiam de perto as esposas. Quando a união consolida-se com o nascimento de filhos, são as mulheres que passam a demonstrar ciúme, especialmente se mais velhas que o marido. A violência física (não muito violenta, na verdade) é comum entre casais jovens, e em geral as mulheres são mais agressivas. Fora da relação conjugal (e das raríssimas sovas dadas em filhos pequenos) não há qualquer espaço para a violência na sociedade araweté que não se traduza imediatamente em choque armado. Por isso, o casamento fica sobrecarregado, canalizando tensões que pouco têm a ver com ele. Isso responde, entre outras coisas, pela alta instabilidade conjugal.

A diferença de idade entre os cônjuges é um traço comum nas sociedades tupi-guarani. Ela se acha também entre os Araweté, mas trata-se de uniões secundárias e temporárias, nas quais os velhos iniciam sexualmente meninas pré-púberes, e as velhas acolhem rapazes sem esposa disponível.

Entre afins de mesmo sexo e geração, as relações são pouco marcadas. Não há evitação de qualquer espécie, nem solidariedade especial, como se observa em tantas sociedades indígenas. "Cunhados são como irmãos", dizem os Araweté: saem para caçar juntos, podem ficar muito amigos ou podem se ignorar. Como parte dos laços de solidariedade entre irmão e irmã, eles estão entre os convidados mais frequentes ao pátio de uma pessoa. Note-se, entretanto, que o costume de germanos de sexo oposto virem consolar os cônjuges nas brigas entre o casal traduz uma óbvia tensão latente entre cunhados de mesmo sexo, que nunca vi passar de admoestações curtas, mas veementes por ocasião das desavenças conjugais – ocasião, portanto, em que o marido da irmã e a irmã do marido fazem valer seus direitos fraternais contra os respectivos cunhados. Dois cunhados ou cunhadas podem ter relações sexuais com uma terceira pessoa, mas não podem entrar em relações de amizade sexual cerimonial (*apĩhi-pihã*) enquanto estiverem ligados como afins: partilha de cônjuges e afinidade se excluem.

Entre afins de sexo oposto e mesma geração as relações são livres. A relação de dois irmãos de mesmo sexo diante dos cônjuges respectivos é concebida como sendo de sucessão potencial: com a morte de um dos irmãos, é comum que o outro herde seu cônjuge. As relações sexuais entre, por exemplo, um homem e a esposa de seu irmão são semiclandestinas, e no máximo tacitamente toleradas pelo irmão; caso tornem-se conspícuas, um dos envolvidos termina propondo uma troca de cônjuges, o que é frequente. Essa relação de equivalência diacrônica entre irmãos de mesmo sexo se opõe à partilha simultânea de cônjuges entre os *apĩhi-pihã*.

Entre as gerações consecutivas, o quadro de atitudes é variado, dependendo da fase do ciclo de vida e da situação residencial. Há pouca ênfase em estruturas de autoridade baseadas na diferença geracional. Entre pais e filhos concebe-se uma comunidade de substância, e suas relações são afetivamente intensas. Há uma muito vaga ideia de que os filhos são "coisa do pai", as filhas, "coisa da mãe", o que traduz apenas a identidade de gênero e suas consequências econômicas, pois a teoria da concepção é patrilateral, e a organização de parentesco, cognática.

A vida social araweté manifesta uma forte tendência matrifocal, a qual rege as soluções residenciais. O laço mãe-filhos é mais intenso que o laço pai-filhos, e especialmente a relação mãe-filha. É difícil caracterizar com precisão a situação pós-marital. Há algum desacordo quanto à norma. Os homens jovens dizem que o ideal é a virilocalidade; os mais velhos afirmam que, tradicionalmente, os rapazes domiciliavam-se no setor ou na aldeia da esposa, e que só após o nascimento do primeiro filho é que podiam voltar à aldeia de origem (se conseguissem convencer a esposa). Inclino-me pelo parecer dos mais velhos, embora tanto eles quanto os rapazes estejam certamente exprimindo as normas do modo que mais os favorece. A uxorilocalidade é efetivamente um princípio conceitual básico para os Araweté. Ela é explicada, caracteristicamente, com argumentos psicológicos: afirma-se que as mães não querem se separar das filhas, e que, ademais, sogra e nora nunca se dão bem, sobretudo se moram na mesma seção residencial. Seja qual for a solução

adotada, uxorilocal ou virilocal, o que se tem é sempre uma residência conceitualmente matrilocal: o cônjuge de fora é definido como morando *hačo pi*, "junto à sogra", e o de dentro como *ohi pi*, "junto à mãe".

A situação real depende de vários fatores, notadamente do peso político das parentelas envolvidas, do número e da composição de sua prole, das alianças passadas... Hoje em dia, diz-se, não importa muito a solução residencial, uma vez que há uma só aldeia. O fator que continua determinante é a alocação da força de trabalho. A uxorilocalidade é uma situação essencialmente econômica: o genro passa a trabalhar com o sogro, ou melhor, na roça de milho da sogra. Por isso, um casal-cabeça de família extensa só permite a saída de uma filha para casar se conseguir reter um filho (atrair uma nora), ou se casar mais uma filha, repondo o genro "perdido". A boa administração da família consiste em arrumar casamentos que mantenham o máximo número de filhos, de ambos os sexos, na unidade familiar de origem (e sobretudo na roça materna). Como isso é mais ou menos o que todos procuram fazer, o sistema deriva em direção à uxorilocalidade.

Não há regras de evitação entre afins de gerações adjacentes, embora prevaleça certa reserva e uma comensalidade obrigatória. Conflitos entre sogro e genro são raros, mas ocorrem, sobretudo se o segundo mostra-se negligente no trabalho agrícola (em especial na fase da derrubada). Já os casamentos virilocais são, em geral, tensos na relação com o casal mais velho; nos dois únicos casos em que as esposas tinham mãe viva, os choques entre sogra e nora – na verdade entre as mães dos cônjuges – eram costumeiros.

Quando eu perguntava se um rapaz, ao mudar-se de aldeia para casar, não ficava intimidado e com saudades de casa, respondiam-me sempre que sim, mas que, além de terem-se parentes na aldeia da esposa, logo criavam-se laços de *apɨhi-pihã* entre o recém-casado e os *tiwã* de lá.

A amizade

O casamento não é objeto de nenhuma cerimônia, e a acelerada circulação matrimonial dos jovens faz dele um negócio corriqueiro. No entanto, sempre que uma união se torna pública com a mudança de domicílio de alguém, produz-se uma sutil comoção na aldeia. O novo casal começa imediatamente a ser visitado por outros casais, seu pátio é o mais alegre e barulhento à noite; ali se brinca, os homens se abraçam, as mulheres cochicham e riem. Dentro de alguns dias, nota-se uma associação frequente entre o recém-casado e um outro homem, bem como entre sua mulher e a mulher deste. Os dois casais começam a sair juntos à mata, a pintar-se e a decorar-se no pátio do casal mais novo. Está criada a relação de *apĩhi-pihã*.

A marca característica da relação *apĩhi-pihã* é a "alegria": *tori*. Os *apĩhi-pihã* (amigos de mesmo sexo) mantêm um convívio de camaradagem jocosa, sem nenhuma conotação agressiva. Eles *oyo mo-ori* ("alegram-se reciprocamente"): estão sempre abraçados, são companheiros assíduos na mata, usam livremente dos bens do outro. Quando os homens da aldeia saem para as caçadas coletivas, as mulheres *apĩhi-pihã* vão dormir na mesma casa. Na formação da dança do cauim, é esse o laço focal entre os homens. Os amigos de sexo oposto (a *apĩhi* e o *apĩno*) recebem o epíteto de *tori pã* ("alegrador").

O cimento dessa relação é a mutualidade sexual. Os *apĩhi-pihã* trocam de cônjuges temporariamente, segundo dois métodos: *oyo iwi* ("morar junto"), pelo qual os homens vão à noite à casa das *apĩhi*, ocupando a rede do amigo, e de manhã retornam para as esposas; e *oyo pepi* ("trocar"), pelo qual as mulheres passam a residir por alguns dias na casa dos *apĩno*. Em ambos os casos, porém, o quarteto é sempre visto junto, no pátio de um dos casais. Os casais trocados costumam sair à cata de jabutis, tomando direções diversas; à noite se reúnem para comer o que trouxeram. Essa mutualidade sexual, assim, é uma alternância, não um sistema de "sexo grupal".

O contexto privilegiado para a efetuação da relação de amizade é a mata, especialmente no período da dispersão das chuvas, quando pares de casais assim ligados acampam juntos. (No começo da estação do mel, em setembro de 1982, as unidades mínimas de coleta quase sempre envolviam grupos de *apĩhi-pihã*.) Na floresta, os casais trocados saem para caçar e tirar mel, reunindo-se à noite: "o dia é da *apĩhi*, a noite da esposa". As expressões "levar para caçar", "levar para tirar mel", "levar para o mato" evocam imediatamente os laços *apĩhi/apĩno*. Para saber se um homem era mesmo *apĩno* de uma mulher (em vez de simples amante ocasional), o critério decisivo era: "ele a levou para o mato em tal ocasião".

A relação é assim orientada: o homem leva a mulher à floresta, domínio masculino. A floresta, o jabuti e o mel são os símbolos da "lua de mel" araweté, que não se faz entre esposo e esposa, mas entre *apĩhi* e *apĩno*, e não envolve um, mas dois casais.

O ciúme está por definição excluído dessa relação; ao contrário, ela é a única situação de extraconjugalidade sexual que envolve seu oposto, a cessão benevolente do cônjuge ao amigo. Mesmo entre irmãos, que têm acesso potencial aos respectivos cônjuges, há margem para ciúmes reprimidos e para desequilíbrios: um homem pode frequentar a esposa do irmão sem que o mesmo saiba, queira ou retribua. Já a relação *apĩhi-pihã* pressupõe a ostensividade e a simultaneidade: é uma relação ritual de mutualidade.

O complexo simbólico da relação *apĩhi-pihã* é absolutamente central na visão de mundo araweté. Ter amigos é sinal de maturidade, assertividade, generosidade, força vital, prestígio. A *apĩhi* é "a mulher", pura positividade sexual, sem o fardo da convivência doméstica. E, em certo sentido, um *apĩhi-pihã* é mais que um irmão, é uma conquista sobre o território dos *tiwã*, dos não parentes, estabelecendo uma identidade ali onde só havia diferença e indiferença, é um amigo.

A frequente associação econômica entre quartetos de *apĩhi-pihã* não envolve trabalho agrícola para os homens (as mulheres podem ir juntas à roça tirar milho, pilá-lo etc.), mas a caça. A cooperação agrícola supõe pertencimento à mesma família extensa ou setor residencial, o que não pode ocorrer entre *apĩhi-pihã*. De qualquer forma, a província por excelência da amizade é a floresta, no período em que o milho "oculta-se" (*ti'ĩ*, como se diz também da lua nova). É clara a compensação entre a amizade e a uxorilocalidade: para o jovem recém-casado, o amigo é o contrário do sogro, em cuja roça ele deve trabalhar. Nas festas, os *apĩno* e *apĩhi* se pintam, enfeitam e perfumam mutuamente. Quando se vê um quarteto profusamente decorado, com muitos brincos, a cabeça emplumada de branco, o corpo brilhando de urucum, rindo e se abraçando, não há dúvida: são *apĩhi-pihã*. Caça, dança, sexo, pintura, perfume, o mundo dos *apĩhi-pihã* é um mundo ideal. No céu, a relação entre os deuses e as almas dos mortos é sempre representada pela amizade sexual. Os mortos se casam no céu com os *Maï*, têm filhos, vivem como aqui. Mas os cantos xamanísticos sempre põem em cena as almas acompanhadas de seus *apĩno* ou *apĩhi* celestes – como convém às ocasiões festivas. Um dos eufemismos para a morte de alguém alude a esse caráter celestial da amizade: "*iha ki otori pã kati we*" ("ele se foi para junto de seu 'alegrador'").

Um casal pode ter mais de um outro associado como *apĩhi-pihã*, e não há nenhum adulto na aldeia que não chame pelo menos meia dúzia de pessoas pelos termos da amizade. Mas essas relações se atualizam consecutivamente; é raro que um casal tenha mais que um só outro como parceiro ativo em dado momento, devido à dedicação exigida pela amizade. As relações não são transitivas: os amigos de meus amigos não são necessariamente meus amigos. É usual que dois irmãos, que não podem se chamar pelos termos de amizade nem partilhar cônjuges, tenham casais de amigos em comum. Trata-se, portanto, de uma relação diádica e local, envolvendo os casais da aldeia numa rede que se superpõe à teia de parentesco.

Recasamentos por viuvez ou divórcio suscitam a necessidade de se decidir sobre a renovação dos laços de amizade. Se um membro do quarteto morre, é considerado desejável que se reatualizem as relações, promovendo uma troca *oyo iwi*.

Não é incomum que as trocas temporárias de cônjuges terminem virando definitivas. Aí se diz em sentido próprio que os homens trocaram (*oyo pepi*) de esposas. A troca definitiva desfaz a relação, que perde o seu sentido.

A terminologia da amizade, salvante os períodos de efetuação das relações sexuais trocadas, tende a ser muito mais usada entre e pelos homens. A iniciativa da relação é masculina (mas as mulheres podem sugeri-la ou resistir aos arranjos). As relações de amizade podem ser desativadas por conflito, recomposição matrimonial, desinteresse, e retomadas mais adiante. Uma amizade desfeita costuma ser cancelada terminologicamente, ou mantida por cortesia entre os homens; se ela apenas está em latência, vigoram os termos e o tom geral das relações interpessoais. *Apĩhi-pihã* é o vocativo amigável típico, aquele que os Araweté empregam para os estrangeiros quando deixam de chamá-los simplesmente de *tiwã*. E ele serve de conceito para toda "semelhança não familiar", extrínseca: lembro-me de um homem chamando outro de "*apĩhi-pihã* de fulano", porque passava trazendo esteios de casa tão finos quanto fulano o fizera havia pouco. Não eram parentes, não faziam a mesma casa; sua semelhança de gostos era, portanto, um "fenômeno *apĩhi-pihã*". É característico que seja esse o termo a substituir o clássico "cunhado" ameríndio (e o nosso "irmão") como vocativo genérico: como modelo, isto é, de toda relação social.

As relações ativas de amizade são muito mais comuns entre casais jovens e sem filhos, aqueles, justamente, que estão em situação uxorilocal e na dependência dos afins. Os quatro únicos casos de amizade ativa envolvendo casais mais velhos, em 1982-3, centraram-se no recasamento de um viúvo (que reativou uma relação e estabeleceu uma nova), e no casal "dono da aldeia", que se ligou sucessivamente a dois outros, ambos, aliás, na mesma relação terminológica com ele: os maridos eram "sobrinhos" do homem, as mulheres, irmãs entre si, eram "sobrinhas" da esposa. Esses dois últimos casos indicam que a amizade é um instrumento político importante: o líder da aldeia, ao estabelecer relações com casais situados em seções residenciais distantes da sua, "extraía-os" dali e os incorporava ao seu pátio e equipe de excursão (era a estação do mel). A iniciativa, nos dois casos, partiu do casal líder. A diferença de idade, posição social e terminológica, e a vantagem da iniciativa, entretanto, não se traduziram em qualquer assimetria no comportamento dos quartetos: as relações de amizade são simétricas por definição e na prática; seus usos políticos é que certamente não são inocentes.

Embora a relação de amizade envolva dois casais e centre-se no acesso sexual ao cônjuge do amigo, os laços entre parceiros de mesmo sexo são os fundamentais; são eles que persistem preferencialmente após viuvez ou divórcio, e que precisam ser reatualizados. O amigo de sexo oposto é sobretudo um meio de se produzir um *apĩhi-pihã* – e isso vale particularmente para os homens. Se um cunhado é o que não se pode deixar de "obter" ao se conseguir uma esposa, um amigo é o que se quer obter ao se estabelecer relações com uma *apĩhi*.

Os *apĩhi-pihã* são recrutados entre os *tiwã*, por definição; isto é, transformam em *tiwã* aqueles que assim se ligam. Irmãos reais não podem ser amigos. Os Araweté sempre me corrigiam quando eu designava dois irmãos por *apĩhi-pihã* por constatar que haviam trocado (definitiva e domesticamente) de esposas: "apenas aos *tiwã* é que chamamos *apĩhi-pihã*". Essa distinção é importante, pois um *tiwã* é o oposto de um irmão, mas, quando um dos primeiros é transformado em amigo, ele partilha de uma semelhança com o irmão, o acesso lícito às respectivas esposas.

Os laços de amizade se estabelecem, via de regra, com pessoas que estão na fronteira do campo do parentesco: os amigos são parentes de afins, ou afins de afins. Quando parentes próximos nas categorias de tio materno, tia paterna etc. tornam-se amigos, eles "viram *tiwã*".

As relações de amizade interferem na terminologia de parentesco. Uma pessoa chama "sogro" e "sogra" aos pais de seu amigo de sexo oposto, e "cunhado" aos irmãos deste – o que não acarreta nenhuma das consequências sociais da afinidade obtida por casamento. Do lado do amigo de mesmo sexo, não se dão mudanças terminológicas; esse laço, o mais importante, é estritamente individual. Nas gerações seguintes, surgem opções terminológicas. Os filhos das amigas do pai de ego podem ser tratados de "irmãos", já que uma amiga do pai é uma *hi amĩ*, uma "mãe outra"; dá-se o mesmo com os filhos dos amigos da mãe. Já os laços paralelos não produzem em si mudanças, em nenhuma geração: um *apĩhi-pihã* do pai, se não tiver sido ao mesmo tempo *apĩno* da mãe, não será chamado "pai", e vice-versa. Essa diferença deriva do fato das relações sexuais: chamo "sogro" ao pai da pessoa com quem tive relações sexuais, "pai" àquele que teve relações com minha mãe etc. Se não houvesse semelhante bloqueio do cálculo terminológico, rapidamente todo mundo na minha geração viraria "irmão" e "irmã", criando sérios problemas para minhas escolhas matrimoniais.

Há, enfim, duas relações centrais no mundo social araweté: entre irmão e irmã e entre amigos de mesmo sexo. A primeira se caracteriza pela solidariedade e pelo respeito, e é o ponto de apoio da afinidade e da reciprocidade; a segunda pela liberdade e camaradagem, e é o foco da mutualidade. As relações entre cunhados e germanos de mesmo sexo são pouco marcadas, mas parecem ocultar antagonismos latentes – como demonstra o apoio do germano de sexo oposto nas querelas conjugais, e a competição e os ciúmes velados que juntam e opõem irmãos frente às mesmas mulheres. A relação entre marido e mulher opõe-se àquela entre irmão e irmã por manifestar livremente os dois aspectos interditos nesta: sexo e hostilidade. Já a relação entre amigos de sexo oposto é idealmente positiva (e, positivamente, ideal): *apĩno* e *apĩhi* não brigam, ou deixam automaticamente de estar nessa relação. Finalmente, a "alegria" da amizade entre amigo e amiga se opõe ao "medo-vergonha" (respeito) entre irmão e irmã.

As idades

11 Os Araweté entendem que existe um laço de substância entre os parentes, de tal forma que, se uma pessoa adoece, seus parentes próximos devem evitar praticar ações e ingerir alimentos que possam piorar seu estado.

Produzir uma criança é um trabalho lento, que exige cópulas frequentes e grande dispêndio de sêmen, de forma a aquecer o feto e a formar paulatinamente seu corpo. Todos os componentes potenciais da pessoa estão contidos na semente paterna. O genitor é concebido pelos Araweté como o que "faz" ou "dá" a criança. A mãe é um *hiro*, receptáculo ou continente dessa substância seminal, onde se processa sua transformação em criança.

Os Araweté, ao contrário do que sustentam outras culturas indígenas, não consideram que o sangue menstrual desempenhe qualquer papel na concepção humana. Quando eu observava a semelhança física entre mães e filhos, todos assentiam sem nenhuma surpresa, dando-me uma explicação gramaticalmente abstrata: a semelhança se deve ao fato de que o esperma vira criança *ohi ropï*, "através (ao longo) da mãe". Essa era a mesma razão aduzida para explicar por que uma pessoa deve fazer abstinência alimentar e sexual também quando um parente pelo lado materno fica doente[11]. Em suma, à teoria patrilateral da concepção soma-se o reconhecimento bilateral da filiação, dos interditos de incesto e da abstinência por doença.

Embora o papel da mãe seja visto como essencialmente passivo, é preciso cuidado em interpretar as ideias araweté. Em primeiro lugar, se o sêmen paterno está na origem do corpo e da alma da criança, certas expressões proverbiais atribuem ao leite materno a natureza de uma substância afetiva muito importante. "Jamais esquecemos o leite tomado", dizem os Araweté; é assim que explicam, por exemplo, a dificuldade que têm as filhas em deixar suas mães, no casamento, e as visitas frequentes que o cônjuge que mora fora faz à sua casa ou aldeia natais. Em segundo lugar, a proveniência de uma mesma matriz é mais frequentemente sublinhada, para afirmar fraternidade efetiva e afetiva, que a comunidade de semente. Irmãos uterinos (filhos de mesma mãe) concebem-se como partes de um todo, como ocupantes sucessivos de um mesmo lugar: designam-se mutuamente como "pedaço de mim", "o que me substituiu". Irmãos por parte de pai apenas, que têm em comum tudo o que foi "doado" pelo genitor, especificam sua condição pela diferença das matrizes: *hiro amïte pa re*, "vindo de outro corpo (materno)", é como explicam que são apenas irmãos agnáticos.

A biologia araweté sustenta que uma criança pode ser formada pelo sêmen de mais de um genitor, isto é, mais de um inseminador pode cooperar ou revezar-se na produção de uma criança. Recordemos que as relações de amizade *apïhi-pihã* põem uma jovem esposa em contato sexual regular com dois homens. É considerado positivo, para a saúde de um bebê, que ele tenha sido formado por mais de um genitor. O número ideal parece ser de dois ou no máximo três; mais que isso acarreta partos dolorosos, ou o bebê nasce com a pele manchada.

As precauções do casal envolvido na concepção são poucas, durante a gestação, e algumas continuam após o parto. Não devem comer anta, pois seu espírito pisotearia a barriga da mãe; usar milho cujo cesto cargueiro se partiu, e o homem não pode comer fêmeas grávidas de animais. Não devem ainda comer pernis de veado ou coxas e mutum, o que enfraqueceria as pernas da criança. Os homens devem tomar cuidado na mata, pois as cobras tentarão mordê-los.

O parto realiza-se usualmente na capoeira próxima à aldeia. O marido da parturiente pode assisti-la, "erguer" (*hopi*) a criança e cortar o cordão umbilical. A placenta é enterrada no local do parto. Na maioria dos casos, porém, quem pega a criança e corta o cordão é uma mulher, parente da mãe ou do marido. Idealmente, disseram-me, os meninos tinham o cordão cortado por uma mulher, as meninas por um homem. O cortador do umbigo (*ipiri'ĩ ikã he re*) tem um direito matrimonial sobre a criança. A menina, em especial, torna-se uma pessoa "cuidada" (*ipa'ĩ pi*), isto é, deve ser alimentada pelo futuro marido até a puberdade, sendo-lhe então entregue. No caso dos meninos, seriam eles quem, mais tarde, proveriam suas futuras esposas de carne de caça.

Não cheguei a conhecer nenhuma criança *ipa'ĩ pi*. Mas há vários cortadores de umbigo que sustentam seu direito de reserva sobre o menino ou menina e têm-no reconhecido pelos pais da criança. Em todos os casos que registrei, trata-se de tios maternos ou tias paternas distantes. Essa prática de "criar" o cônjuge é comum a vários outros povos tupi-guarani (Tupinambá, Tenetehara, Wayãpi, Tapirapé).

Logo que nasce, a criança é banhada em água morna. Seu pai fura-lhe as orelhas, raspa os cabelos que ultrapassam a linha das têmporas, e ela é então "consertada" (*mo-kati*) por alguém experiente: achata-se suavemente seu nariz, afastam-se as orelhas para fora, massageia-se o peito para "abri-lo", afastam-se as sobrancelhas, ajusta-se o maxilar inferior, empurram-se os braços e os dedos da mão na direção do ombro, apertam-se as coxas uma contra a outra, separam-se os cabelos úmidos com um pauzinho.

Os pais entram em reclusão, passando a maior parte do tempo em casa e dependendo dos parentes para tarefas domésticas essenciais, como cozinhar e buscar água. Horas após o parto, eles devem tomar a infusão amarga da casca da árvore *iwirara'i* (*Aspidosperma* sp.), a mesma que se toma na primeira menstruação de uma jovem e quando se matou um inimigo na guerra. Essa medida pareceria ter, assim, uma relação com o sangue que se acumula no corpo nesses estados e que deve ser purgado. Mas a explicação aduzida pelos Araweté é diferente: toma-se o chá de *iwirara'i* para poder comer jabuti sem sufocar pela inchação da glote. Trata-se do jabuti de patas vermelhas (*Geochelone carbonaria*), carne proibida aos pais de recém-nascidos, mulheres na primeira menstruação e matadores de inimigo. Todos os homens que participaram da concepção do bebê devem tomar dessa infusão, mas apenas o genitor principal – via de regra, o marido da parturiente – segue rigorosamente as demais restrições.

A mãe, na noite subsequente ao parto, deve submeter-se à operação *imone*, recondução de sua alma ao corpo, executada por um pajé. Todo trauma físico ou psicológico produz esse perigoso descolamento entre alma e corpo.

As restrições puerperais são variadas e são sobretudo levadas a sério pelos pais de um primeiro filho. Elas são mais rigorosas enquanto o umbigo não seca e cai; vão-se relaxando à medida que a criança fica com o "pescoço duro", em seguida começa a rir (a "ter consciência", *ika'akɨ*), depois a andar. Seu término é imprecisamente marcado, e a consolidação definitiva da criança demora bem mais que esse período de restrições de seus pais.

Algumas das restrições visam proteger os próprios pais, agora definidos como *ta'i ñã* e *memi ñã* ("donos de filho"). Não se devem expor demasiado ao sol e à lua, ou o "excremento" (?) desses astros os enegrecerá; não podem carregar água, andar sobre pedras ou solo áspero, ou certos espíritos da mata flecharão seus pés. A mais importante precaução é tomada pelo pai: ele não pode ir à mata enquanto o umbigo do filho não secar, ou atrairá multidões de cobras surucucus, jararacas e jiboias, que o picarão ou engolirão vivo. Isso significa que o homem se vê impossibilitado de exercer a atividade que o define como adulto casado: a caça.

Outras restrições protegem o bebê: os pais não tocam em espelhos e pentes, pois isso lhe causaria febres e dores; não tocam em couro de onça, ou sua pele ficaria manchada. Evitam-se esforços que possam repercutir na criança: carregar peso, pilar milho, derrubar árvores.

As restrições à ingestão de substâncias são mais numerosas. Os pais não podem cozinhar nem comer coisas muito quentes. A mãe não pode fumar; o pai só o faz através de um chumaço de algodão. A maioria dos interditos imediatamente em vigor após o parto, como o que incide sobre a carne de jabuti vermelho, visa proteger a saúde dos pais; os interditos de longa duração, ao contrário, protegem a criança. Assim, a carne de vários animais só pode ser consumida por seus pais quando a criança já começou a "rir"; outras, só depois que ela começou a andar. As fêmeas grávidas de animais não são comidas até que a criança tenha uns 3 anos. As mulheres grávidas, entretanto, podem comê-las.

O consumo dessas carnes proibidas, e certas ações como cozinhar ou fumar, acarretariam o *hapi*, a "queima" da criança. Trata-se de uma espécie de combustão interna que se manifesta como febre, dessecamento e emagrecimento rápido do bebê. A ideia subjacente parece ser a de que o recém-nascido é um ser volátil, que deve ficar longe do contato com coisas quentes. Não se pode também pintá-lo de urucum, ou sua pele descascaria como se sapecada no fogo.

O sexo e a cauinagem são as proibições mais estritas. Ambas as coisas só podem ser feitas após a criança começar a engatinhar (diziam-me os pais) ou a andar (diziam-me as mães). Antes disso – e mesmo depois, se o pajé não fechar o seu corpo –, ela morreria em meio a convulsões e vômitos. A abstinência sexual parece ser mais demorada para a mãe que para o pai: este, após alguns meses, pode procurar sua *apɨhi* "para se esfriar". As ações da mãe são mais diretamente nocivas à criança, que está sempre colada a ela. São as mães que se preocupam em pedir que algum pajé feche o corpo de seus filhos. A razão disso é que elas os amamentam. Para o leite passa tudo que entra no corpo da mãe – inclusive o sêmen. Passa também, como vimos, o afeto: os homens sempre visitam a casa natal, as mulheres se recusam a casar virilocalmente, "porque nunca se esquece o leite tomado".

Com duas semanas de nascidas, as crianças começam a comer cará, batata e banana mastigados pela mãe. Mandioca, milho, outras frutas e carne só são introduzidos na dieta quando elas já estão "prontas" (*aye*), isto é, quando já demonstram "consciência". É então que recebem o nome e podem ser pintadas de urucum: já são completamente humanas.

A noção de "ter consciência" – tradução mais geral do verbo *ka'akĩ* – define o grau de humanidade dos infantes. Ela não se confunde com o falar, pois lhe é cronologicamente anterior. Parece designar a capacidade da criança de responder a estímulos comunicativos; o principal sinal disso é o riso. Se um bebê morre antes de manifestar consciência, mesmo seus pais o chorarão pouco.

Por alguns anos, a pessoa da criança não está inteiramente estabilizada. Sua imagem vital (*ĩ*) desprende-se com facilidade do corpo, especialmente devido à cobiça de *Iwikatihã*, o Senhor do Rio. Crianças de até 4 anos são frequentemente submetidas ao *imone*, quando o pajé traz de volta a alma errante e a consolida no corpo.

Os pais evitam nova concepção até que seu filho tenha alcançado os 3-4 anos, tempo em que permanece mamando. Até então, recorrem ao coito interrompido, único método anticoncepcional que me disseram praticar. O aborto é realizado por pressão abdominal. Mas filhos não desejados são, em geral, mortos após o parto. As razões para o aborto ou o (raro) infanticídio são várias: divórcio do casal durante a gestação, fato bem pouco comum; morte do marido nesse período; gestação em mulheres muito jovens, que teriam "preguiça de amamentar" e de se submeter às restrições puerperais; filhos concebidos ou nascidos durante epidemias, especialmente se os pais tomaram medicação ocidental (essa é a causa mais comum de abortos induzidos ou de infanticídios); deformações na criança; gravidez prematura em relação à anterior; e querelas graves entre cônjuges, quando a mulher se vinga matando a criança.

Embora haja essa preocupação em espaçar os nascimentos, ter filhos é um valor essencial. As crianças são adoradas e mimadas por toda a aldeia; mulheres e homens disputam o privilégio de passear com o recém-nascido ao colo. Se uma mulher morre deixando uma criança de peito, outras se incumbem de amamentá-la.

Dos 3 anos em diante, quando começam a ter autonomia de movimentos, as crianças são referidas como *ta'i oho*, "filhotes grandes", ou como "homenzinhos" e "mulherzinhas". Entre os 7 e os 11 anos, os meninos são classificados como *piri ači* ("gente verde", não madura). Nessa fase, saem para caçar e pescar nas redondezas e acompanham os pais nas expedições de caça. Começam também a erguer suas casinhas ao lado da dos pais. Por volta dos 12 anos, decide-se que é tempo de se lhes amarrar o prepúcio; o pênis já está "cheio" e a glande pode-se desnudar, o que é motivo de vergonha.

Antes de portar o cordão, os meninos não devem ter relações sexuais. No entanto, desde cedo, meninos e meninas brincam juntos, e as meninas mais velhas costumam iniciar sexualmente os meninos. De modo geral, até a puberdade, as meninas são consideravelmente mais extrovertidas e ousadas que os meninos da mesma idade.

A partir dos 12 anos, os rapazes iniciam uma longa série de casamentos tentativos, com meninas de sua idade ou pouco mais velhas. Até os 15 anos, mais ou menos, relutam muito em casar, só o fazendo quando não há um adulto disponível que possa tirar da casa dos pais uma menina em idade de menstruar. As meninas então se mudam para as casinhas dos rapazes. Esses ensaios de casamento não duram, em geral, mais que algumas poucas semanas.

A partir dos 15 anos, os homens são classificados como *pira'i oho* ("filho grande de gente"), termo que segue descrevendo todos os homens que ainda não têm filhos casados. O segmento mais jovem dessa categoria é turbulento e empreendedor; dele saem numerosos *tenotã mõ* de caçadas e expedições de guerra. O segmento mais velho da categoria abriga vários pajés. Entre 15 e 20 anos, os homens comprometem-se os em casamentos mais sérios, mas não menos instáveis que os dos meninos. Raros são aqueles que não tiveram pelo menos cinco esposas nessa fase. Eles se casam com moças de sua idade e com mulheres bem mais velhas.

Os homens entre 30 e 50 anos são definidos como "maduros" (*dayi*). Nessa fase é que constituem família extensa, atraindo genros e saindo da situação uxorilocal. Dali em diante, são "velhos" (*tapïnã*). Os homens maduros são um segmento influente, especialmente quando líderes de setores residenciais e quando pajés.

Os anciões araweté não dispõem de poder especial, mas tampouco são marginalizados. Em 1982, os dois homens mais velhos da aldeia ainda caçavam, tinham grandes roças e famílias que os apoiavam. Aya-ro (de uns 70 anos) ainda era um pajé ativo, mas cantava pouco. Seus serviços eram mais solicitados para o fechamento do corpo de crianças e casos de mordedura de cobra, operações que nem sempre envolvem a presença dos *Maï*. Meñã-no, o outro, já fora "deixado pelos *Maï*", isto é, não mais cantava.

As meninas entre 7 e 11 anos são chamadas de *kãñĩ na'i oho*, os "mulher-criança". Muitas delas são entregues a um velho ou deficiente físico que não consegue arrumar esposa adulta. Esses "criam" as meninas, iniciando-as sexualmente. Uma menina não pode menstruar pela primeira vez na casa de seus pais, ou estes morrem de uma doença mística (o *ha'iwã*) que atinge todo culpado de faltas ligadas à sexualidade. Assim, precisam arranjar marido logo. Sustenta-se, por outro lado, que as mulheres só menstruam se previamente defloradas.

As moças pré-púberes não devem comer ovos demais, ou terão partos múltiplos; nem coração de jabuti, veado e outras caças – peças que sangram muito –, ou sua menstruação será abundante e dolorosa. Sua liberdade sexual é considerável, bem como a capacidade de iniciativa nesses assuntos. Quando ainda meninas, os pais não interferem muito. Mas, quando vão se aproximando da puberdade, o controle sobre seu comportamento aumenta. As moças muito "andadeiras" (*iatã me'e*), aquelas que circulam em bandos alegres à noite, à procura de diversão, são temidas pelos genros prospectivos. Os jovens maridos são muito ciumentos de qualquer relação extraconjugal fora do sistema da amizade *apĩhi-pihã*.

Da puberdade até os 30-35 anos, as mulheres estão na classe das *kãñĩ moko*, "mulheres grandes". Casando-se muito cedo, só vêm entretanto a ter filhos aos 18-20 anos. A mudança de vida após o nascimento do primeiro filho é muito mais radical para a mulher que para o homem. Ela deixa de ser um apêndice da mãe e volta-se para a própria casa; deixa de pertencer ao bando turbulento de moças solteiras, passando a adotar um comportamento reservado e atento às necessidades do filho. De objeto de ciúmes do marido, passa a ser quem controla suas aventuras. As "donas de criança", mesmo jovens, são respeitadas por todos, e a balança da autoridade doméstica pende sensivelmente, após o primeiro filho, para o lado feminino.

As mães são muito ciosas de seus filhos, tomando seu partido cegamente, mesmo quando eles produzem estragos nas posses alheias ou comportam-se de modo intolerável à paz da aldeia. Por outro lado, sua autoridade sobre as crianças não é muito maior que a dos pais, e ambos estão sempre ocupados em tentar conter os filhos.

Por volta dos 35 anos em diante, as mulheres são classificadas como adultas (*odï mo-hi re*, "crescidas") e, após a menopausa, como "velhas". Mulheres de meia-idade possuem enorme influência na vida cotidiana. Um setor residencial gira em torno da mulher mais velha e é normalmente identificado por seu nome. São essas mulheres, mais que seus maridos, que disputam o destino pós-marital dos jovens casais.

Os nomes

12 O sufixo /-ro/ torna-se /-no/ após uma vogal nasal, e /-do/ após a vogal /ɨ/.

Cada indivíduo recebe um nome algumas semanas após o nascimento, e o portará até que lhe nasça o primeiro filho. Essa regra é obrigatória para as mulheres. Os homens podem passar a ser denominados como *X-pihã*, "companheiro de *X* (nome da esposa)", assim que se casam. Quando nasce o primeiro filho ou filha, o casal abandona definitivamente seus nomes de infância e assume outros que fazem referência ao nome da criança: "*Y-ro*" e "*Y-hi*", "pai" e "mãe" de *Y* (nome da criança). Assim, por exemplo, o jovem Ñapɨrɨ casou-se com a moça Kãñĩ-ti; esta continuou a ser chamada de Kãñĩ-ti e ele passou a ser conhecido como Kãñĩti-pihã. Nasceu-lhes um menino, que recebeu o nome de Karamirã. O casal passou então a ser chamado de Karamirã-no[12] e Karamirã-hi; seus nomes de infância não podem mais ser pronunciados por quem quer que seja. Depois que nasceu seu segundo filho, a menina Kãñĩ-paka, os dois podem ser ocasionalmente chamados de Kãñĩ-paka-ro e Kãñĩ-paka-hi; mas, em geral, os pais tendem a ser conhecidos pelo nome do primogênito, mesmo que ele tenha morrido ainda muito pequeno.

O primeiro filho é nomeado mais rapidamente que os filhos subsequentes; a escolha de seu nome é objeto de maiores cuidados, e sempre se pensa no nome que os pais terão ao nomear-se a criança. De certa forma, o que se está realmente nomeando são os pais: os tecnônimos (termo que designa esses tipos de nomes pessoais que se referem ao parentesco de ego com outrem) são considerados nomes mais "próprios" que os nomes de infância. Uma vez obtidos tais tecnônimos que marcam o *status* de adulto (para os Araweté, ser adulto é ter filhos), os nomes de infância tornam-se "dolorosos de ouvir". Curiosamente, entretanto, esses nomes podem continuar a ser pronunciados quando estão embutidos nos tecnônimos dos pais: assim, por exemplo, Tapaia-hi é o nome corrente da mãe de Iapi''ɨ-do, um homem cujo nome de infância foi Tapaia (jamais pronunciado em sua presença, e talvez desconhecido de todas as pessoas das gerações mais jovens).

A nominação das crianças não é objeto de nenhuma cerimônia especial, e não há, como em muitas outras sociedades indígenas, nominadores predeterminados por parentesco. A maioria dos nominadores das crianças são pessoas maduras, em geral parentes próximos de um dos pais. O pai e a mãe podem escolher por sua própria conta os nomes de seus filhos, mas isso é muito raro no caso do primogênito: ainda jovens, os pais curvam-se à opinião dos mais velhos, e especialmente dos próprios pais. Só há uma regra que deve ser respeitada na escolha do nome: não pode haver duas pessoas vivas com o mesmo nome. Isso se aplica aos nomes de infância dos adultos, que mesmo abandonados por eles não podem ser conferidos a crianças. Um nome precisa ser ou novo, ou de alguém que já morreu.

A onomástica araweté depende de três critérios. Uma criança pode ser nomeada "conforme um morto do grupo" (*pirowĩ'hã ne*), "conforme uma divindade" (*Maĩ de*) ou "conforme um inimigo" (*awĩ ne*). Esses três *critérios* de nominação não devem ser confundidos com as *classes* a que remetem os nomes. Isso é importante porque a maioria dos nomes araweté são "nomes de deuses" ou "nomes de inimigos", mas podem ter sido conferidos "conforme um morto", isto é, a intenção da nominação foi repor em circulação o nome (de origem divina ou inimiga) de um parente morto.

Alguns dos nomes conferidos "conforme um morto" são intraduzíveis, mas muitos têm significado: nomes de ancestrais míticos, de animais (pássaros, quase sempre), de plantas, objetos, verbos, qualidades... A maior parte dos nomes, porém, é classificada como "nomes de inimigos" ou "nomes de divindades".

O processo de reposição onomástica efetuado pela nominação "conforme um morto" manifesta uma intenção afetiva e comemorativa. Não se concebe nenhuma reencarnação de almas via os nomes, nem se transmitem as relações de parentesco do antigo portador do nome para a criança nominada (como ocorre em outros grupos indígenas). Um nominador de uma criança escolhe nomes de pessoas que são caras a si mesmo ou aos pais do bebê. Pode haver mais de um morto que portou aquele nome, mas a escolha é feita tendo-se em mente uma pessoa em particular. O que se repõe, ao dar-se o nome de alguém morto a um bebê, é uma tríade, a criança e seus pais. Muitas vezes, o que se visa particularmente é que voltem a existir os *X-ro* e *X-hi*, mortos mais presentes na memória do grupo que o X, que pode ser uma criança falecida ainda pequena. Esse critério de nominação é o mais frequentemente usado para a escolha do nome dos primogênitos, e são as mulheres mais velhas ou os homens enquanto chefes de grupos domésticos (pais e sogros dos pais da criança) que o acionam preferencialmente.

Os nomes dados "conforme um inimigo" também têm significados variados, mas são quase sempre "nomes de inimigos": nomes pessoais ou tribais de inimigos míticos ou históricos (muitos trazidos por mulheres que estiveram cativas entre os Kayapó), palavras estrangeiras que os Araweté sabem nada terem a ver com nomes pessoais, metáforas e frases tiradas dos cantos que comemoram a morte de inimigos na guerra... Aqui se incluem vários nomes e expressões em português (recordemos que os *kamarã* são classificados como um tipo especial de *awĩ*, inimigo). A nominação "conforme um inimigo" é mais frequentemente acionada pelos homens na qualidade de guerreiros. Em geral, após um combate com os inimigos, os homens que se distinguiram na guerra sonham com os inimigos mortos a lhes revelarem nomes, utilizados então para nomear os recém-nascidos[13].

Os nomes dados "conforme uma divindade" refletem o variado panteão araweté. Praticamente todos os nomes de deuses celestes e subterrâneos se encontram como nomes pessoais. Não se usam, porém, os nomes dos espíritos terrestres, malignos. Os nomes "conforme uma

[13] Em alguns raros casos, esses nomes revelados pelos espíritos de inimigos mortos podem ser "nomes de divindades" ou "nomes de mortos". Por isso é importante distinguir entre critérios de nominação e as classes a que pertencem os nomes, embora tanto os critérios como as classes refiram-se às mesmas três categorias: mortos, divindades e inimigos.

divindade" são conferidos por homens maduros em sua qualidade de pajés. Todos os tipos de nomes e critérios de nominação podem ter origem em visões dos pajés, que sonham e cantam à noite, extraindo nomes novos ou antigos desses sonhos e cantos. Mas os nomes "conforme uma divindade" são invariavelmente conferidos por pajés.

Após a morte, uma pessoa é mencionada por seu nome seguido do sufixo -*reme*, "finado". Nos cantos dos pajés que trazem as almas celestes dos mortos à terra, estas são nomeadas sem este sufixo de "finado", que conota ausência ou distância. Os nomes de infância dos mortos são livremente mencionados, mas longe dos ouvidos de seus parentes próximos.

Ao contrário de outras sociedades indígenas brasileiras, em que os nomes marcam posições sociais e papéis cerimoniais, chegando quase a ter a função de títulos, entre os Araweté os nomes são ao mesmo tempo invidualizantes – ninguém pode trazer o mesmo nome que outra pessoa viva, e muitas são as pessoas com nomes que não foram usados por ninguém no passado – e curiosamente "impessoais" e relacionais. Note-se que o nome mais "próprio" de uma pessoa, seu nome de adulto, é um tecnônimo, isto é, um nome que designa a relação de paternidade que a pessoa tem com outra. A impressão que me fica é que os Araweté dão nomes às crianças para poderem chamar os pais delas pelos tecnônimos. De outro lado, a onomástica araweté recorre ao que poderíamos chamar de exterior da sociedade para obter os nomes: pois os mortos, os inimigos e as divindades representam, sob diferentes aspectos, aquilo que não pertence ao mundo dos viventes araweté, o mundo propriamente humano. Deuses, mortos e inimigos ocupam o espaço exterior do cosmos araweté – é de lá que vêm os nomes. A identidade de cada araweté, assim, é determinada pelo exterior da pessoa de múltiplas maneiras: os nomes de infância evocam o exterior da sociedade; os tecnônimos dos adultos referem-se à relação da pessoa com outra.

A religião araweté

A morte

A relação entre a humanidade e os deuses, os *Mai*, é o eixo da religião araweté. Os humanos e os *Mai* são ligados por relações de afinidade – pois as almas dos mortos casam-se com os deuses – e por um sistema ritual de oferendas alimentares. Os *Mai* podem (e finalmente irão) aniquilar a terra, fazendo o céu desmoronar. Toda morte tem como causa final a vontade dos *Mai*, que são concebidos como, ao mesmo tempo, araweté ideais e canibais perigosos. Entre as dezenas de espécies de *Mai*, cuja maioria possui nomes de animais, a mais importante são os *Mai hete* ("deuses verdadeiros"), que transformam as almas dos mortos em seres imortais, após uma operação canibal. Há ainda os *Añĩ*, seres selváticos e brutais que habitam a superfície terrestre, invadem as aldeias e devem ser mortos pelos pajés. E há o temido Iwikatihã (Senhor do Rio), um poderoso espírito subaquático que rapta as almas de mulheres e crianças.

Os *peye* (pajés ou xamãs) são os intermediários entre os humanos e a vasta população sobrenatural do cosmos. Sua atividade mais importante é a condução dos *Mai* e das almas dos mortos à terra, para participar dos banquetes cerimoniais. Esses banquetes cerimoniais são festas em que alimentos produzidos coletivamente são oferecidos aos visitantes celestes antes de serem consumidos pelos humanos. Os alimentos rituais mais importantes são: jabutis, mel, açaí, macacos guaribas, peixes e o mingau alcoólico (cauim) de milho. A festa do cauim é o clímax da vida ritual araweté, pois combina simbolismos religiosos e guerreiros. O líder das danças e dos cantos que acompanham o consumo do cauim é idealmente um grande guerreiro, que aprendeu as canções da boca dos espíritos de inimigos mortos.

O canto é o núcleo da vida cerimonial. A "música dos deuses", cantada pelos pajés, e a "música dos inimigos", cantada pelos guerreiros, são os dois únicos gêneros musicais araweté. Em ambas as modalidades de canto, trata-se sempre de ouvir as palavras dos "outros", deuses e inimigos, citadas através de fórmulas retóricas muito complexas.

Os mortos são enterrados em caminhos abandonados na floresta. A morte divide a pessoa em dois aspectos antagônicos: um espectro terrestre associado ao corpo e aos espíritos *Añi*, e uma alma ou princípio vital celeste associado à consciência e aos *Mai*. O espectro assombra os vivos enquanto o corpo se decompõe, até que retorna à aldeia natal do finado e ali desaparece. Uma morte provoca a imediata dispersão da população da aldeia na floresta, dispersão que dura o tempo da decomposição do cadáver. A alma celeste é morta e devorada pelos *Mai* ao chegar ao céu, sendo então ressuscitada mediante um banho mágico que a transforma em um ser divino e eternamente jovem. As almas dos mortos recentes vêm frequentemente à terra, nos cantos dos pajés, falar com os parentes e narrar as delícias do Além. Após duas gerações, elas cessam seus passeios, pois ninguém mais na terra recorda-se delas. A condição de guerreiro é a única que torna desnecessária a transubstanciação canibal no céu; os matadores de inimigo, fundidos em espírito com suas vítimas, gozam de um estatuto póstumo especial.

Os pajés

14 O verbo para "fumar" em araweté é "comer fumo". Há duas formas de se ingerir a fumaça do tabaco: tragando, como se faz entre nós, e engolindo. Os pajés, que são capazes de consumir um charuto de trinta centímetros em quinze minutos, engolem a fumaça em vez de inalá-la.

Quem passar um tempo entre os Araweté não deixará de se surpreender com o contraste entre a vida diurna e a noturna da aldeia. Durante o dia, "nada acontece". Há, é claro, as caçadas e as pescarias, as tumultuadas refeições coletivas, as intermináveis conversas nos pátios familiares ao cair da tarde, a eterna faina do algodão e do milho; mas tudo parece se fazer de um jeito descuidado, ao mesmo tempo errático e monótono, alegre e distraído. Toda noite, porém, madrugada adentro, ouve-se emergir do silêncio das casas um vozear alto, ora exaltado, ora melancólico, mas sempre austero, solene e às vezes, para ouvidos estrangeiros, algo sinistro. São os homens, os pajés cantando o *Maï marakã*, a música dos deuses. Certas noites, três ou quatro pajés cantam ao mesmo tempo, ou sucessivamente, cada um sua própria visão – pois tais cantares são a narrativa do *Maï decã*, a visão dos deuses. Às vezes é apenas um: sempre começando por um trautear suave e sussurrado, vai erguendo progressivamente a voz, cuja articulação entrecortada se desenha contra o fundo chiante do chocalho *aray*, até atingir um patamar de altura e intensidade que se mantém por mais de uma hora, para ir então lentamente descaindo às primeiras luzes da aurora – a "hora em que a terra se desvela", como se diz em araweté – até retornar ao silêncio. Ocasionalmente (uma ou duas vezes por semana, para cada pajé em atividade), o clímax da canção-visão traz o pajé para fora de sua casa, até o pátio. Ali, dança curvado, com o charuto e o *aray*, batendo fortemente o pé direito no chão, ofegante, sempre cantando. É a descida à terra das divindades e das almas dos mortos, trazidas por ele, o pajé, de sua viagem ao mundo celeste.

Os *Maï* e os mortos são música, ou músicos: *marakã me'e*. Seu modo de manifestação essencial é o canto, e seu veículo é o *peye*, pajé. Um pajé é chamado *Maï de ripã*, "suporte das divindades", ou *ha'o we moñĩña*, "cantador das almas". Não há iniciação ou "chamado" formais à pajelança. Certos sonhos, se frequentes, podem indicar uma vocação de pajé, especialmente os sonhos com onças e com a "Coisa-Onça", um *Maï* bastante perigoso. Mas, mais que alguém que sonha, um pajé é alguém que fuma: *petĩ ã ĩ*, "não comedor de tabaco"[14], é o modo usual de se dizer que um homem não é pajé. O tabaco é o emblema, o instrumento de fabricação e de operação do pajé. O treinamento para pajé consiste em um longo ciclo de intoxicações por tabaco, até que o homem *mo-kîya-ha*, "faça-se translúcido", e os deuses "cheguem" até ele.

O tabaco é onipresente na vida araweté – homens, mulheres e crianças fumam. Os charutos de trinta centímetros, feitos de folhas de tabaco secas ao fogo e enroladas em casca da árvore tauari, são uma coisa social por excelência. O primeiro gesto de recepção a um visitante é a oferta de uma baforada no charuto da casa, aceso expressamente para isso, e após uma refeição coletiva o charuto corre de mão em mão.

Jamais se pode recusar um pedido de tabaco, e jamais se fuma sozinho, exceto durante a pajelança – mas aí se está a dividir o charuto com os deuses. Mas, se todos fumam, apenas alguns homens são "comedores de fumo": os pajés. A fumaça de tabaco é um dos principais instrumentos terapêuticos dos pajés: ela é soprada sobre picadas e machucaduras e também serve para reanimar os desfalecidos. No céu, os *Maï* sopram fumo de tabaco sobre os mortos para revivê-los.

Ao lado do fumo, o emblema principal do pajé é o chocalho *aray*. Todo homem casado, como vimos, possui um *aray*. Ele pode ser usado por "não comedores de tabaco" como instrumento para pequenas curas e para acompanhar os cantos noturnos de homens que, mesmo sem serem considerados *peye*, veem de vez em quando os *Maï* em sonho. Isso significa que todo homem adulto é um pouco pajé. Ser *peye* não é um papel social ou uma profissão, mas uma qualidade ou atributo de todo adulto, que pode ser mais ou menos desenvolvido. Alguns homens realizam tal potencial mais plenamente que outros, e são esses os conhecidos como *peye*.

O *aray* é o instrumento transformador por excelência. "Dentro do *aray*" ou "por meio do *aray*" é a explicação lacônica e autoevidente para qualquer indagação sobre como, onde e por que se realizam as operações de ressurreição e metamorfose narradas nos mitos, ou o consumo espiritual dos alimentos pelos *Maï* quando estes vêm à terra comer nos festins oferecidos pelos humanos, ou as operações terapêuticas de reassentamento da alma e fechamento do corpo executadas pelos pajés. O *aray* é o receptáculo de forças ou entidades espirituais: as almas perdidas de crianças e mulheres são trazidas de volta dentro do *aray* até a sua sede corporal, por ocasião do tratamento chamado *imone*, frequentemente realizado pelos pajés.

Com tal equipamento – tabaco, chocalho –, o pajé araweté está capacitado a realizar diversas operações de prevenção e cura, que são semelhantes às terapêuticas típicas da América indígena: fumigação com tabaco, sopro resfriador, sucção de substâncias ou princípios patogênicos (empregada nas mordidas peçonhentas e na extração das flechas invisíveis que certos alimentos contêm) e as operações de fechamento do corpo e de recondução da alma. Os maiores pacientes dos pajés nessas duas últimas operações são as crianças pequenas e as mulheres: as primeiras porque ainda têm a alma mal assentada e o corpo aberto; as segundas porque são o objeto principal da cobiça dos espíritos extratores de almas (vários espíritos terrestres têm esse poder maligno) e dos *Maï*.

O pajé, esse comedor de fumo e "senhor do *aray*" (outro modo de designá-lo), é um suporte dos *Maï*, as divindades que cantam por sua boca. Cantar a "música dos deuses" é a atividade mais frequente dos pajés, independendo de situações de crise ou de doença. Não há homem adulto que não tenha cantado ao menos uma vez na vida; mas são *peye* apenas aqueles que costumam cantar quase toda noite.

A música dos deuses é a área mais complexa da cultura araweté. Única fonte de informação sobre o estado atual do cosmos e a situação dos mortos no céu, ela é o rito central da vida do grupo. "O pajé é como um rádio", costumavam me explicar. Com isso estão dizendo que ele é apenas um veículo, isto é, que o sujeito da voz que canta está alhures, não dentro do pajé. O pajé não incorpora as divindades e os mortos; ele canta/conta o que ouve deles. Um pajé encena ou representa os deuses e os mortos, mas não os encarna: a pajelança araweté não é uma possessão. Um pajé tem consciência do que cantou durante seu "transe" e sabe o que se passa à sua volta enquanto está a cantar.

As músicas dos deuses nada têm de sagradas ou esotéricas. Após terem sido cantadas por um pajé, podem ser repetidas por quaisquer pessoas e muitas vezes viram sucessos populares. Só quem não pode repetir um canto é, precisamente, o pajé que o cantou pela primeira e única vez.

Um canto de pajé

A complexidade essencial do canto dos pajés reside em seu regime enunciativo. A música dos deuses é um solo vocal, mas linguisticamente é uma "polifonia", na qual falam diversos personagens, em diversos registros citacionais. Ela é a narração da palavra alheia.

Tipicamente, há três posições enunciativas: um morto, os *Maï* e o pajé. O morto é o principal enunciador, transmitindo ao pajé o que disseram os *Maï*. Mas o que os *Maï* disseram é quase sempre algo dirigido ao morto ou ao pajé, e referente ao morto, ao pajé ou a eles mesmos. A forma normal da frase é, assim, uma construção polifônica complexa: o pajé canta algo dito pelos deuses, citado pelo morto, referente a ele pajé, por exemplo. Há construções mais simples, em que o pajé canta o que conversam os deuses a respeito dos humanos em geral, e outras mais intrincadas, em que um morto cita a outro o que uma divindade está dizendo sobre um vivente (que não o pajé) etc.

Eis aqui, em tradução livre e apresentação simplificada, um *Maï marakã* cantado por *Kãñĩ-paye-ro* na madrugada de 26 de dezembro de 1982, fruto de inspiração não vinculada a qualquer cerimônia, mas que se desdobrou em um tratamento *imone* da própria esposa, que se queixava de dores no peito. A gravação desse canto foi analisada e comentada por diversos araweté durante os longos dias chuvosos de janeiro de 1983; sem sua ajuda, eu não teria entendido quase nada. As frases entre aspas duplas são enunciadas por mortos; as entre aspas simples, pelos *Maï*; as sem aspas, pelo pajé.

I
(1) "Por que você empluma a grande castanheira?"
(2) "Por que os deuses estão a emplumar a grande castanheira, Modida-ro?"
(3) "Por que os deuses solteiros emplumam a face da castanheira?"
(4) "Eis aqui os deuses, a emplumar a face da castanheira, Arariñã-no."
(5) "Eis aqui os deuses a emplumar a grande castanheira."

II
(6) "Eis aqui os deuses a emplumar a face da castanheira, ei-los!"
(7) "Por que assim fazem os deuses, emplumando a grande castanheira?"
(8) (Forte, alto) "Cá estão os deuses, cá estão, emplumando a face da castanheira, cá estão, cá estão os deuses!" (bate o pé repetidamente)
(9) "Porque deseja sua filha, disse o deus, por isso ele disse: 'Vamos emplumar a grande castanheira!'"
(10) "Foi isso que disse o deus: 'As pessoas não comeram a coisa', disse o deus..."

(11) "Por que fazem assim os deuses? Por que disseram: 'Vamos emplumar a grande castanheira'?"
(12) "Eis aqui, veja os deuses a emplumar a face da castanheira, Modïdа-ro!"
(13) "'Acenda meu charuto jogado fora', disse o deus."
(14) "Eis aí os deuses a emplumar a face da castanheira, veja, Ararĩñã-no."
(15) (Forte, batendo o chocalho sobre o peito da esposa) "Eis aqui os deuses emplumando a grande castanheira, ei-los!"
(16) "Eis o que os deuses disseram: 'Vamos emplumar a grande castanheira', eles se entredisseram."
(17) "Porque desejam a nossa filhinha, por isso os deuses disseram: 'Vamos emplumar a grande castanheira'".
(18) "Por que fazem assim os deuses, emplumando a face da castanheira?"

III
(19) "Por que você empluma a face da castanheira, de manhã?"
(20) "Por que você empluma a face da castanheira?"; "'Acenda o meu charuto abandonado', disse o deus."
(21) "Por que você empluma a face da castanheira?"; "Por desejar nossa filhinha, disse o deus a si mesmo, oh Ararĩñã-no."
(22) "Por que os deuses ficam assim, a errar suas flechas nos grandes tucanos?"
(23) "Por que você, deus, empluma a face da castanheira?"; "'Ande, passe sua filhinha para mim', disse o deus."
(24) "'Por sua causa, realmente, emplumam-se as castanheiras'"; "'Não fui servido de coisa alguma', disse o deus."
(25) "Por que os deuses solteiros emplumam assim a face da castanheira, oh Modïdа-ro?"
(26) (Forte) "Por que os deuses emplumam assim a face da castanheira?"; "'Vou devorar o finado Kãñĩ-paye-ro', disse o deus."
(27) (Forte) Assim o deus me levará, para cozinhar-me em sua grande panela de pedra...
(28) (Forte) "'Comeremos o seu finado pai', os deuses disseram repetidamente"; Vão cozinhar-me em sua panela de pedra, disseram os deuses.
(29) (Forte) Enfim, mais uma vez, os deuses vão-me devorar do outro lado do céu – eis o que disseram.
(30) "'Peça à sua filhinha', disse o deus, 'para nós dois irmos flechar os grandes tucanos', disse o deus."
(31) "Por que você unta de urucum a face da castanheira?"
(32) (Forte, batendo o pé) "Cá estão os deuses, a untar completamente a face da castanheira."
(33) "Por que os deuses iluminam (acendem) assim a face da castanheira, oh Yowe'ï-do?"; 'Ande, passe sua filhinha para mim!'
(34) "'Eeeh! um comedor de pequenos jabutis espantou os grandes *moneme*!', disseram os deuses."; "'Nossa futura comida fez debandarem as grandes juritis', disseram os deuses."
(35) "'A plumagem das grandes araras-canindé-eternas, dos *moneme*', disseram os deuses"; 'Ande, vamos flechar os grandes tucanos!'

(36) Eeh! Quanto àquilo de 'passar filha para mim', que disseram os deuses; para mim os deuses (desnecessariamente) disseram (tal coisa).
(37) 'Nada me foi oferecido, ande, (dê) pequenos-jabutis para mim!', disse o deus.
(38) "Por que você empluma a face da castanheira?"
(39) "'Eeh! Nossa futura comida fez debandar as grandes juritis!'"
(40) "Por que você empluma a grande (árvore) ičiri'i?"
(41) Por vontade de levar mulher para caçar, o deus empluma a face da castanheira...
(42) "Por que você unta (de urucum) a face da grande ičiri'i?"
(43) Por que os deuses acabam o meu tabaco?
(44) "'Nossa terra é perfumada', disse o deus; 'Assim que tiver untado a grande ičiri'i, perfumar-nos-emos um ao outro (com a resina da árvore)', disse o deus."
(45) "Por que os deuses emplumam a face da castanheira?"

Análise

A enunciadora principal não é nomeada em momento algum – é Kãñĩpaye, uma filha do pajé que morreu com 2 anos de idade em 1978. Ela se dirige, conforme um esquema de pergunta e resposta que marca toda a canção, aos deuses, ao pai, a um "avô" morto (Modïda-ro) e a um irmão de seu pai, Arariñã-no, ou talvez à alma desse homem, que estaria viajando no céu junto com o pajé. Além da menina, fala seu "pai" (irmão de seu pai) morto, Yowe'ï-do, que só será nomeado no verso 33, mas que já fala no verso 17. Esse personagem, como o outro morto interpelado, tem parentes próximos na seção residencial do pajé.

Todas as frases do bloco I são enunciadas pela menina morta. A primeira é uma interpelação a um *Maï*. Só se saberá que se trata de uma alma, e da filha do pajé, a partir do verso 9; até lá, nenhuma marca indica que não é o pajé o enunciador. A imagem focal é a de uma grande castanheira celeste sendo decorada com a plumagem branca do gavião-real pelos deuses, que assim fazem sua "face" (folhagem) brilhar à distância. Os deuses fazem isto porque estariam "irados" (*e'e*) com a morta, isto é, ardendo de desejo por ela. Não cheguei a entender a relação entre o ato de emplumar a árvore e esse sentimento. A imagem associa dois temas canônicos no discurso sobre o céu: as castanheiras (árvores mais altas da floresta) e os gaviões-reais.

O bloco II foi introduzido após uma pausa, e trouxe um aumento do volume vocal e da tonalidade afetiva do canto, que marcam a chegada dos deuses à terra. A situação enunciativa se complexifica. Os versos 6 a 8 são acompanhados da batida de pé, que indica a presença dos enunciadores na terra. Quem diz esses versos, aparentemente, ainda é a menina morta, ou uma espécie de síntese pajé-filha. O verso 9 é dito pela menina, e refere-se a ela mesma: os deuses dizem (a você, pajé) que desejam sua filha (eu, que falo); eles disseram que é por desejar sua filha que emplumam as castanheiras. O verso 10 interpola outro motivo da ira dos *Maï*. A menina diz que os deuses disseram que "não comeram a coisa" – isto é, que não haviam ainda sido chamados a comer jabuti. À época, iniciavam-se preparativos para as caçadas coletivas de jabuti, mas nenhum *peyo* (banquete coletivo no qual se oferece comida aos deuses) fora ainda realizado. O canto dirige assim uma mensagem à aldeia. Os versos 11 e 12 são enunciados pela menina. O primeiro é uma interrogação genérica; o segundo, uma interpelação dirigida a Modïda-ro. O verso 13 traz a menina transmitindo ao pai o que o deus pediu a ele – que acendesse o seu charuto. Esse é um gesto de cordialidade, sugerindo que o pajé deve oferecer seu charuto aos *Mai* (o "meu charuto" é, na verdade, o charuto do pajé). Nesse momento do canto, o charuto de Kãñĩ-paye-ro havia se apagado, e sua esposa teve de acendê-lo. O verso apresenta uma construção em abismo: o pedido dos deuses é um pedido do pajé à esposa por intermédio da filha. O verso 14 é semelhante ao 12. O verso 15 foi enunciado enquanto o pajé batia o *aray* sobre o peito da esposa, fechando seu corpo após ter reassentado sua alma. A frase estaria sendo pronunciada pela menina; seria ela, então, quem trazia a alma: "*ohi mone*", "carregava (a alma de) a própria mãe", foi a interpretação que me deram.

O verso 16 traz a menina citando ao pai o que disseram os deuses. O verso 17 põe em cena outro enunciador. Quem diz que os deuses disseram desejar nossa filhinha não pode ser a menina, nem os deuses. Trata-se aqui de uma construção semelhante à do verso 9, que indica que o enunciador é Yowe'ï-do, falecido irmão do pajé. Essa interpretação é retrospectiva e depende da nomeação dessa pessoa no verso 33; até lá, reinava a ambiguidade. Os comentadores foram unânimes em declarar que a expressão "nossa filhinha" não era uma frase dirigida pelo pajé à sua esposa, como eu pensava. Com a possível exceção dos versos 6 a 8, o pajé não está em posição de enunciador aqui. Ele faz citações: diz o que sua filha ou irmão dizem que os deuses falaram. O verso 18 devolve a palavra à menina.

No bloco III, o número de "vozes" e a intensidade emocional atingem seu clímax. Há um confronto direto entre os deuses e o pajé, e esse último irá falar por si algumas vezes. O verso 19 é a interpelação usual da menina aos deuses, que sublinha ser dia no céu, e alude ao brilho da castanheira na luz da manhã. A primeira parte do verso 20 repete o 19; a segunda repete a situação do 13: novamente o charuto do pajé se apagara. O verso 21 traz duas vozes e dois destinatários: primeiro, a menina interpela o deus; em seguida, Yowe'ï-do retoma o que dissera no verso 17, mas falando agora para outro irmão. O verso 22 é interpretado (pelos ouvintes) como uma pergunta da menina aos deuses, a respeito de outros deuses. O verso 23 traz a pergunta-motivo, na primeira parte; em seguida, a transmissão de uma ordem dos deuses dada ao pajé, referente à própria enunciadora, a menina. A primeira parte do verso 24 é a palavra direta dos deuses, dirigindo-se à menina; a segunda parte traz a menina citando para o pai o que reclamam os deuses: que não se lhes dera nada, isto é, jabutis. Note-se que a interpolação do tema dos jabutis assimila esse alimento à filha do pajé: ambas as coisas são exigidas pelos deuses aos homens. O verso 25 retoma o tema dos *Mai* solteiros, jovens, portanto, que cobiçam a filha jovem do pajé (após o banho ressuscitador, as crianças mortas se tornam adolescentes).

O verso 26 traz a ameaça que estava por trás de todo o jogo de pedidos, perguntas e respostas: o *Mai*, nomeando o pajé e já o designando como "finado" (*-reme* aposto a seu nome), avisa que vai devorá-lo. Quem diz "disse o deus", e quem cita assim o nome do pai, é a filha. Por dupla interposição, o pajé se autonomeia, e como morto antecipado. Esse verso e os seguintes foram cantados em tom mais grave, com voz forte e entonação macabra. O verso 27 traz pela primeira vez a voz do pajé como sujeito: é ele quem diz que será devorado. O verso 28, na primeira parte, põe a filha do pajé citando os deuses: eles devorarão seu "finado pai"; a segunda parte traz novamente a voz do pajé. Assim também o verso 29: o pajé cita os deuses e alude às numerosas ocasiões em que se defrontou com esse perigo. O "outro lado do céu" é o avesso do céu visível, o patamar dos *Mai*.

O verso 30 traz o pedido que, se aceito, garantirá a incolumidade do pajé no céu. Os *Mai*, citados aqui pelo pajé, mandam que esse último convença a filha a ir com ele (o *Mai*) "flechar tucanos", metáfora para "levar ao mato", por sua vez um eufemismo para relações sexuais.

Os versos 31 e 32 trazem de novo a menina falando. O assunto da pintura da castanheira com urucum introduz um tema olfativo, as fragrâncias celestes. O verso 32 foi acompanhado da batida de pé. Como no verso 15, a construção deítica ("eis aqui" etc.) manifesta a presença aqui e agora dos deuses e gera uma espécie de interferência cósmica, visto que os deuses estão aqui e, ao mesmo tempo, no céu, untando a castanheira: duas imagens coabitam na tela da voz do cantor. O verso 33, na primeira parte, é uma pergunta da menina a Yowe'ï-do; a fulguração da castanheira é produzida magicamente pelos deuses, em sua ira-desejo. A segunda frase é uma citação literal do que os deuses estão dizendo para Yowe'ï-do. O verso 34 é enunciado pela morta, que cita o que comentam os deuses, agitados e alertas: um humano (um "comedor de pequenos jabutis") está se aproximando, e sua presença assusta os pássaros da capoeira que circundam a aldeia dos *Mai*. A expressão "nossa futura comida" é um motivo clássico. Foi exatamente assim que os Tupinambá chamaram Hans Staden ao capturá-lo. O pajé, então, está agora entrando na aldeia celeste. O verso 35 é dito pela menina, que cita os deuses a convidá-la para caçar tucanos, araras e cotingas, aves cuja plumagem é usada nos brincos, constituindo-se em presente usual de um caçador às suas amigas.

O verso 36 é decisivo no enredo. Citando o que lhe disseram os deuses, o pajé comenta que tal pedido é desnecessário. A glosa dos ouvintes era esta: "Kãñï-paye-ro disse para os *Mai*: 'podem levar Kãñï-paye, ela não é mais minha, é de vocês, não vim pegá-la de volta não...'". O verso é uma espécie de resumo elíptico do que se passou no céu. Duas ideias centrais estão aqui expostas: a morta pertence aos deuses, não a seu pai, mas os deuses reconhecem no pajé um poder sobre sua filha, e ele deve por isso reiterar a cessão dela aos *Mai*, o que lhe garante a incolumidade no céu.

Há uma outra barganha subjacente, sugerida pelos comentadores, mas que é explícita em outros cantos. A canção envolvia o *imone* (recondução) da alma da esposa do pajé. Ora, a permanência da filha morta no céu é a contrapartida (*pepi kã*) do retorno da alma de sua mãe, liberada pelos deuses. A grande maioria das operações *imone* põem em cena mortos; não só porque as almas dos mortos atraem a alma dos viventes, mas porque o pajé parece jogar com esse *quid pro quo* frente aos deuses: "fiquem vocês com quem está realmente morto, e devolvam-nos quem está vivo".

Durante uma forte tempestade elétrica em fevereiro de 1988, ouvi esse mesmo pajé apostrofar violentamente os *Maï*: ele estava quieto em seu canto comendo cotia, mas, se os *Maï* insistissem em trovejar e mandar raios perigosos, ele subiria e tomaria Počihe de volta (uma outra filhinha que lhe morrera havia um ano). "Kãñĩ-paye-ro está furioso com seu genro", comentaram-me...

Estamos chegando ao fim do canto. O verso 37 é uma solicitação arrogante dos deuses ao pajé, que acrescentam à demanda da filha um pedido de jabutis; o cantor cita aqui diretamente. Do verso 38 ao final, alternam-se enunciados ditos pela menina, frases dos deuses e do pajé. A árvore *ičiri'i* dá uma resina muito perfumada, usada pelas mulheres. O verso 41 é a constatação genérica e conclusiva do pajé: ele responde à pergunta-tema do canto. Não se trata mais de sua filha apenas, mas das humanas em geral. O "levar para caçar" é fazer amor. O verso 43 prepara o fim do canto: os deuses consumiram todo o charuto do pajé; sua inspiração está terminando. No verso 44, temos um último vislumbre da cena celeste: a menina diz ao pai o que os deuses dizem a ela, sobre o perfume que impregna o próprio chão em que pisam.

Os Araweté e o futuro

Havendo-se com os brancos

Conviver com os Araweté é uma experiência fascinante. Poucos grupos humanos, imagino, são de trato tão ameno e convívio tão agradável e divertido. Amigos da proximidade corporal, de uma informalidade por vezes avassaladora, absolutos no dar e no pedir, amantes desenfreados dos prazeres da vida, de língua solta e riso constante, sempre me pareceu que noções como as de regra, norma e medida eram algo inapropriadas para descrevê-los. Toda a sua longa história de guerras, mortes e fugas, e a catástrofe demográfica do "contato", se não se apagam da memória araweté, nunca chegaram a diminuir seu ímpeto vital e sua alegria.

Ao chegar ao Ipixuna pela primeira vez, pareceu-me que os Araweté não erguiam nenhuma barreira entre eles e os poucos brancos que os cercavam; não se protegiam atrás de nenhuma fachada simbólica, não se recusavam a nenhuma modalidade de intercâmbio entre "eles" e "nós". Ao contrário, o mais difícil, para mim, sempre foi resistir ao poder de sucção ou sedução exercido por eles no sentido de me transformar em um dos seus. Sociedade radicalmente aberta, seu desejo radical do outro a levava, seja a querer a todo custo ser como ele (isto é, nós), seja a puxá-lo (isto é, a mim) para dentro de si. É certo que essa abertura dos Araweté deriva, em parte, de sua pouca experiência com os brancos – hoje eles já não se mostram tão tolerantes com nossa estupidez como em 1981 –, de uma percepção ainda não muito clara do tamanho da ameaça que os envolvia. Mas creio que ela se enraíza mais fundo, em um movimento essencial de seu modo de ser.

Viver com os brancos do Ipixuna, em 1981-3, não era muito fácil. Mesmo que o sistema Posto/aldeia, ali, fosse mais tranquilo do que já pude observar em outras áreas e situações, a interação entre índios e brancos se fundava em uma série de mal-entendidos culturais, em expectativas estereotipadas e em demandas contraditórias. Era muito comum, entre os funcionários do Posto, a emissão professoral de juízos em meu benefício, quando eu havia acabado de chegar, sobre o "caráter" típico dos Araweté: que eram preguiçosos, que passavam fome por descuido e imprevidência (no entanto, a população era visivelmente bem nutrida), que não eram solidários entre si, que só falavam e pensavam em sexo (o que, se não deixa de ter sua pontinha de verdade, era sublinhado por ser um dos únicos assuntos da vida dos índios que interessava aos brancos); e assim por diante.

A partir desses juízos, produzia-se toda uma modelagem do contato. O fato de que os Araweté não entendiam (então) o português autorizava um curioso comportamento dos brancos: eles eram tratados como não pessoas; podia-se falar de cada um deles na sua presença, criticar seu comportamento ou aparência abertamente. Ora, mesmo sem entender a língua em que eram desprezados, os Araweté eram perfeitamente

15 Pude testemunhar essa capacidade de improvisação araweté uma vez que saí para cortar folhas de babaçu com um rapaz. Ao passarmos por um poço do Ipixuna, vimos a água fervilhando de tucunarés – e nós apenas com dois facões. Enquanto eu maldizia nossa imprevidência, meu companheiro olhava à sua volta. Rapidamente, cortou um galho flexível de uma arvoreta, arrancou um metro de cipó – fez um pequeno arco e talhou lascas afiadas no talo de uma folha de babaçu, fazendo várias flechinhas. Em menos de cinco minutos estava aparelhado para flechar os tucunarés. Voltamos para casa com três belos peixes.

capazes, pelo tom e muitas vezes pela mímica grotesca, de perceber o sentido das observações feitas. Havia toda uma série de procedimentos de "infantilização" dos índios, pequenos ritos de degradação, como os exames médicos em público, censuras sobre a "pouca higiene" de certas práticas tradicionais, o costume de se lhes pôr apelidos pejorativos. De modo geral, os índios eram sempre vistos como um estorvo. Só ouvi serem elogiados pelo temperamento cordato, alegre e deveras paciente.

Essa atitude dos brancos do Posto Ipixuna diante dos índios variava significativamente, de acordo com a personalidade de cada funcionário ou visitante; os Araweté vieram a conhecer brancos, da Funai ou não, gentis e educados. Mas, na verdade, tudo isso não era apenas uma questão de "má vontade" ou de brutalidade desse ou daquele funcionário. Havia um sistema; esse era o modo de articulação entre índios e brancos. Um modo que, no fim das contas, terminava por colocar os índios em seu devido lugar: o lugar dos dominados. Mas eles, por seu lado, embora com maior discrição, também aproveitavam a barreira linguística para fazer pouco dos brancos, também lhes punham apelidos, imitavam às gargalhadas suas posturas corporais. Participavam assim com entusiasmo do sistema de comunicação vigente no Posto, em que os brancos criticavam os índios, gritavam com eles, humilhavam-nos, e os índios fingiam que não entendiam, encenavam propositadamente os comportamentos que geravam as censuras e terminavam conseguindo o que queriam: uma lata de querosene, uma caixa de fósforos, um punhado de pólvora. Tudo isso era cotidiano, e sempre igual: a redundância dos jogos absurdos entre índios e brancos bem indicava a distância que era preciso superar para que se entendessem; e a moldura ritual do desrespeito semijocoso garantia, afinal, o precário equilíbrio entre estranhos, inimigos potenciais, obrigados a manter relações de estreita proximidade física e interdependência econômica.

Os Araweté dependiam então, e hoje dependem mais ainda, de uma série de bens e serviços oferecidos pelo Posto: combustível, sal, fósforos, panelas, roupas (para os homens), sabão, pilhas, lanternas, facas, machados, facões, ferramentas, tesouras, pentes, espelhos, açúcar, óleo de cozinha, espingardas, munição, remédios. Durante a fase aguda da epidemia de gripe de 1982, quando o milho estava apenas começando a amadurecer, dependeram também de alimentos importados. As canoas que utilizavam eram fabricadas por brancos, ou por índios Asurini contratados pelos brancos. A partir de 1987, começaram eles mesmos a construí-las.

O grau de dependência de cada um desses itens é variável, e os Araweté, povo de tecnologia simples e alta capacidade de improvisação, sabem passar sem quase todos eles, se necessário[15], embora a introdução das armas de fogo tenha ocasionado modificações importantes na disponibilidade da caça e nas suas técnicas de obtenção. O que me espantou, porém, foi a rapidez – entre 1981 e 1983 – com que a maioria desses bens foi introduzida e adotada. Até março de 1982, as contraprestações araweté se resumiam a alguma carne de caça e algum milho para a alimentação dos brancos do posto. Naquela data, tentou-se a implantação de uma "cantina reembolsável", com a introdução das armas de fogo e um aumento considerável de bens importados, além da obrigação dos índios de produzir "artesanato" para financiar essas importações. A cultura material araweté é sóbria e simples, e poucos de seus itens eram capazes de obter boa colocação no mercado (controlado então pela Funai). O sistema da "cantina" terminou fracassando. Quando estive no Ipixuna em 1988, constatei que os Araweté continuavam entregando esporadicamente "artesanato" para venda, mas que isso não cobria o custo dos bens que consumiam.

A dependência dos Araweté em relação aos medicamentos e estilos de cura ocidentais é bastante grande, sem ter chegado a abolir os métodos de cura tradicionais. Mas pude observar, em 1981-3, uma solicitação excessiva de medicamentos e uma intensidade de demanda de atenção dos serviços do enfermeiro (e de todos os demais brancos) que extrapolava em muito as necessidades reais ou imaginárias dos índios, revestindo-se, assim, de uma dimensão político-ritual. Se isso foi visto com nitidez no caso das atenções médicas, deveu-se em parte à crise provocada pela grande epidemia de 1982, a cujo desenrolar assisti. Essa epidemia mergulhou os índios numa dependência muito grande em relação aos *kamarã* (não esqueçamos que, nessa época, fazia apenas seis anos que um terço do grupo havia morrido por doenças "civilizadas"). Mas eu já havia observado uma situação análoga em 1981, durante uma fase de boa saúde do grupo. Sobretudo, tal complexo de dependência ritual de bens e serviços *kamarã* manifesta-se em várias outras áreas da vida que não a dos achaques físicos. É a mesma atitude que parece subjazer à rapidez de adoção de toda uma parafernália tecnológica e simbólica dos *kamarã*, a um certo mimetismo entusiasmado de tudo o que vem desse mundo. Nada disso parece ter mudado substancialmente dez anos depois, quando de minha visita mais recente ao Ipixuna.

Essa dependência, porém, é ambígua. Esse mimetismo tem algo de sutilmente desafiador, essa hipersolicitação dos brancos tem um caráter de teste ou prova constante a que somos submetidos. O que está em jogo nisso tudo, o que se elabora, com a extroversão característica dos Araweté, é o *conceito da diferença* entre eles e nós. "Querer ser como os brancos" – tal é a impressão que tudo isso dá a um olhar desavisado – não exclui absolutamente o inverso, o querer que os brancos sejam como eles. Se não há dúvida de que o entusiasmo araweté por objetos de origem "civilizada" explica-se em larga medida por sua maior eficácia técnica (ou pelo menos por sua maior eficácia imediata), deve-se notar, por outro lado, que o consumo de objetos *kamarã* pelos Araweté é, antes de mais nada, um consumo de *símbolos*, é um modo de estabelecer uma relação, não com os objetos dos brancos, mas com os brancos enquanto sociedade diferente da sua. A solicitação de bens e serviços dos brancos que vivem no Ipixuna é o modo araweté de domesticar os brancos, de controlar e, portanto, de inverter subjetivamente a dependência objetiva em que se encontram. Nada disso significa, em suma, que os Araweté estejam "perdendo sua cultura" por desejarem espingardas, panelas ou atenções médicas ocidentais. Ao contrário, tudo isso é parte de um movimento e um momento essenciais de sua cultura: elaborar e domesticar a situação histórica em que se encontram. Sua capacidade de resposta, contudo, depende das condições político-econômicas de confronto com a sociedade nacional: há limites para o poder de "deglutição" da sociedade araweté; nem todos os *kamarã* são domesticáveis.

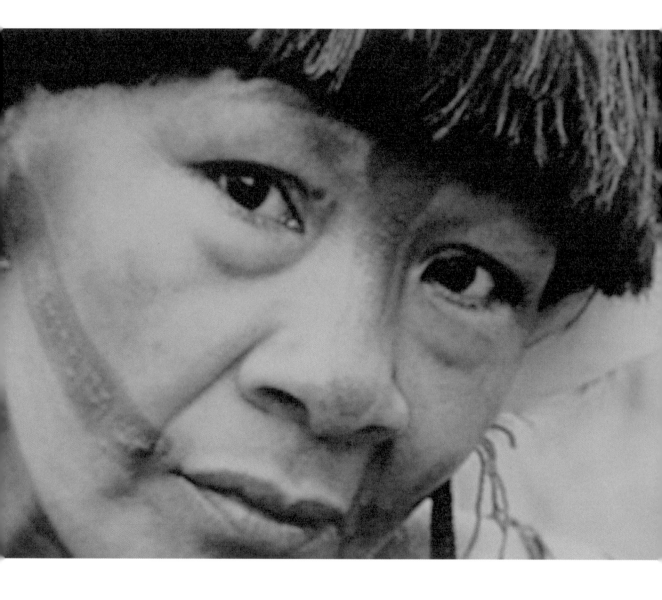

Os Araweté hoje

[16] Valor equivalente a R$ 1,7 milhão em agosto de 2015. [N.E.]

Em meados de 1988, os Araweté e o chefe do Posto (Benigno Marques, hoje diretor da Administração da Funai de Altamira) encontraram e apreenderam uma grande quantidade de mogno que havia sido derrubada em suas terras por duas companhias madeireiras. O mesmo aconteceu na área vizinha, dos Parakanã. Após uma nebulosa negociação da Administração da Funai em Altamira com essas madeireiras, os Araweté e os Parakanã – isto é, os postos indígenas (PI) Ipixuna e Apyterewa – acabaram recebendo, em janeiro de 1989, uma razoável quantia à guisa de "indenização" pela madeira roubada (ver no apêndice "Cronologia do contato araweté"). Embora a maior parte do dinheiro tenha sido confiscada pelo governo Collor em março daquele ano, os três meses em que esteve disponível foram suficientes para uma mudança radical nas condições do sistema posto/aldeia. Por um lado, várias melhorias importantes foram feitas no equipamento do posto indígena: nova enfermaria, motores para transporte e geração de energia, aquisição de um barco com alta capacidade de carga, ferramentas etc. Por outro, os Araweté passaram a ter um acesso bastante amplo a uma quantidade de mercadorias que antes eram de obtenção difícil, demorada e limitada. Proliferaram espingardas, panelas, machados, lanternas, pilhas, roupas, tabaco e outros itens.

A partir de meados de 1989, a situação começou a piorar com o confisco da caderneta de poupança "dos Araweté". Nessa época, um médico italiano, Aldo Lo Curto, encantou-se pelo grupo e passou a investir na área alguns dos recursos que levantava em seu país de origem, por meio de palestras e exposições sobre os índios brasileiros. Isso permitiu a contratação de uma enfermeira e de uma professora, e a compra de alguns equipamentos para o posto. Mas a manutenção da pauta de consumo do grupo, elevada após a entrada do dinheiro da madeira, permaneceu um problema. Com a aguda recessão do período Collor, e especialmente com o desmonte da máquina administrativa federal, a Funai mergulhou em uma situação de insolvência quase absoluta. Com isso, os Araweté ficaram reduzidos à ajuda de Lo Curto e a arranjos de emergência entre a chefia do PI Ipixuna e a Funai de Altamira. Começaram a faltar alguns itens essenciais, como remédios, combustível e munição.

Essa foi a situação que encontramos em 1991, quando visitei o Ipixuna após três anos e meio de ausência, junto com a equipe do Cedi. O PI Ipixuna estava sem receber praticamente nada. A administração da Funai estava insolvente, com dívidas da ordem de Cr$ 60 milhões[16] na praça de Altamira, e os Araweté reclamavam amargamente da situação de penúria em que se viram mergulhados. Não havia combustível, os equipamentos quebrados não podiam ser consertados, os doentes não podiam receber atendimento em Altamira.

Os Araweté estavam perplexos e irritados com o súbito fim de um dinheiro que tinham por infinito. Nessas condições, não nos surpreendeu ouvir algumas pessoas contemplarem a possibilidade de permitir a entrada de madeireiras em suas terras. Tais especulações surgiram no meio de conversas sobre a provável nova invasão das madeireiras Peracchi e Maginco – as mesmas responsáveis pelo furto de mogno em 1988 – na área araweté. Quando alertávamos nossos interlocutores para os problemas que uma entrada de madeireiros poderia causar, e para o caráter precário e transitório da riqueza obtida com a venda de madeira, alguns retorquiam que "há muito mogno, ele não acabará".

Em suma: embora se possam compreender os motivos e as urgências que levaram a Funai a decidir pela venda da madeira ilegalmente derrubada nas terras araweté e parakanã, e embora se possam avaliar os benefícios que o dinheiro auferido (ainda que confiscado em sua maior parte) trouxe para os Araweté, é forçoso concluir que vender a tal madeira não foi uma boa ideia[17]. No contexto atual, em que a Funai se mostra falida e, além disso, com pouca capacidade de resistir à pressão dos invasores da área do Xingu-Bacajá, o problema é óbvio. Em busca daquilo que a Funai não lhes pode oferecer – recursos –, os Araweté correm o risco de cair nos braços das madeireiras. E, diante de tudo que essas últimas podem trazer de epidemias, devastação ecológica, chantagem econômica e provável violência física, deve-se infelizmente temer pelos Araweté.

---

17 Acrescente-se que há fortes evidências de que parte do dinheiro dos Araweté foi desviada pela Funai de Altamira para atender a necessidades de outros postos. Assim, embora a versão oficial fosse a de que o dinheiro recebido como "indenização" das madeireiras pertencesse aos Araweté, ele foi na verdade usado como se pertencesse à Funai, e empregado como lhe convinha. Copiamos um rádio enviado do Posto Indígena Ipixuna à Funai de Altamira em 8 de fevereiro de 1990, no qual o chefe do posto informa: "índios revoltados desvio recursos comunidade para cobrir despesas dos Xikrin".

Mogno: novo pau-brasil, velha rapina

18 Cotação feita à época da edição original, em 1992. [N.E.]

- Já foram destruídos 41,5 milhões de hectares de florestas na Amazônia Legal: isso equivale a mais do que uma vez e meia a superfície do estado de São Paulo. A exploração predatória de madeira é uma das principais causas dessa devastação.

- O mogno é a madeira brasileira mais cotada no mercado internacional (a árvore em pé vale US$ 60/m^3 no Pará; após serrada, vale US$ 545/m^3 no exterior[18]). Ele está distribuído de modo descontínuo na Amazônia, em manchas esparsas na floresta. Após o esgotamento do mogno por grandes companhias madeireiras, que abrem estradas e destroem a mata – para cada árvore de mogno derrubada, cerca de 28 árvores de outras espécies são atingidas e aproximadamente 1.450 m^2 de floresta são danificados –, o terreno está aberto para a penetração de fazendas que consolidam o desmatamento e a destruição.

- Das últimas grandes reservas brasileiras de mogno, as mais cobiçadas estão nas áreas indígenas. São inúmeros os casos de roubo de madeira e de resistência indígena a essa depredação. Em outros casos, porém, diante da pressão e do aliciamento de seus líderes pelas madeireiras – algumas vezes com a cumplicidade da Funai –, os grupos indígenas passaram a permitir, através de acordos ilegais e economicamente lesivos aos índios, que o mogno seja explorado em suas terras. O número de povos indígenas que se tornaram vítimas da corrida ao "ouro verde" vem aumentando assustadoramente. Estima-se que somente no Pará, nestes últimos dois anos, o mogno retirado ilegalmente dos territórios indígenas responde pela maior parte da exploração total daquele estado. Hoje, a fronteira predatória do mogno está na região do Xingu, após ter devastado o vale do Araguaia nas décadas de 1960 e 1970.

- A região do Xingu-Bacajá, onde vivem os Araweté, Asurini, Parakanã e Xikrin, está invadida por grandes companhias madeireiras. As principais são a Exportadora Peracchi, a Madeireira Araguaia (Maginco) e a Impar/Masa. Elas já invadiram a área dos Parakanã e dos Araweté repetidas vezes e conseguiram aliciar os líderes dos Xikrin para permitir a extração de mogno em sua reserva. A falta de fiscalização por parte do Ibama, a timidez (às vezes a complacência) e a carência de recursos da Funai têm funcionado como um verdadeiro incentivo ao saque realizado pelas madeireiras.

Há catorze anos em sua aldeia atual, os Araweté estão considerando a possibilidade de se transferir para um novo local. Após tantos anos de uso, a terra nos arredores da aldeia está reduzida a uma vasta capoeira; as roças estão a uma distância considerada excessiva pelo grupo, e a

caça está cada vez mais difícil. Pude notar uma diminuição significativa, entre 1981 e 1991, na quantidade e frequência de carne na dieta. No que concerne aos produtos vegetais, minha impressão é que houve um aumento do consumo de mandioca, em detrimento do milho; pode-se explicar isso parcialmente pelo esgotamento das terras propícias ao cultivo desse último produto, mais exigente que a mandioca.

Outro motivo que subjaz a essa intenção de mudança da aldeia é o crescimento populacional e o consequente aumento das tensões e dos conflitos internos. A estrutura social araweté se acomoda dificilmente a uma situação de concentração populacional tão elevada: tradicionalmente, as aldeias abrigavam 40-60 pessoas e espalhavam-se por um vasto território. O trauma do contato e a atração do posto permitiram a manutenção de uma única aldeia de 1981 até hoje; mas a situação começa a mudar. Algumas famílias construíram casas em suas roças, para ali se transferindo durante as semanas de derrubada da roça ou de plantio do milho. Um grupo de famílias construiu um "anexo" da aldeia do outro lado da pista de pouso, ainda dentro do alcance visual do posto, mas conceitualmente distinto da aldeia principal.

Pude notar uma fragmentação, ainda mais forte que a vigente desde o contato, da autoridade política interna. Em 1981-3, os títulos de *tã ñã* e de *tenotã mõ* correspondiam a uma relativa eminência de seu portador; agora tive a impressão que o *tã ñã* goza de menor visibilidade, e que o papel de *tenotã mõ* está perdendo sua função unificadora. A emergência de alguns jovens adultos com razoável domínio do português e da cultura nacional pode estar contribuindo para essa dispersão do poder e da influência no plano coletivo. De modo geral, se está assistindo ao amadurecimento da geração que tinha cerca de 5-10 anos na época do contato e à progressiva transferência de responsabilidades para ela, sobretudo no que diz respeito à interação com o posto e os brancos.

Caso venha a se dar a mudança de aldeia – ou antes, quando ela ocorrer –, não é impossível que se ergam assentamentos menores que o atual. A tendência parece ser a da fragmentação do grupo em duas ou três unidades menores. Algumas das seções residenciais da aldeia ganharam uma grande consistência demográfica e sociopolítica, tornando-se capazes de servir como matriz para a implantação dessas aldeias menores.

Na ocasião de nossas visitas de 1991-2, ouvimos várias vezes o então administrador da Funai de Altamira emitir um conceito que frequentemente se encontra na boca de muitos dos responsáveis pela política indigenista oficial: os Araweté estariam "mal acostumados", viveriam numa "redoma", precisavam ser mais rapidamente "integrados". Precisavam "trabalhar", sustentar suas necessidades de consumo, entrar em contato mais direto com a sociedade envolvente. Embora, em geral, esse tipo de juízo seja uma mal disfarçada maneira de advogar a pura e simples extinção das culturas indígenas, compreende-se que mesmo pessoas menos antipáticas aos índios possam eventualmente sustentá-lo. Afinal, por que deveriam os Araweté receber "de graça" objetos e serviços *kamarã*? Até quando, de qualquer modo, essa situação pode se manter? Não teriam eles que ir "se preparando" para se "autossustentar"?

Não há dúvida de que os Araweté estiveram, ao longo desses quinze anos, mais isolados que os Asurini ou os Xikrin, por exemplo, do contato com regionais. Isso não foi o resultado de uma política específica da Funai, mas, essencialmente, fruto do acaso: rio de navegação difícil, despovoamento das margens do Xingu nos anos 1980, falta de interesse econômico na área até recentemente e existência de recursos básicos no posto, entre outros fatores. Houve também, é claro, uma intenção, por parte dos administradores de Altamira e do posto, de proteger os índios de um contato cujas consequências para a saúde do grupo seriam destrutivas. E foi justamente essa "redoma" que levou os Araweté a se recuperarem demograficamente e a manterem íntegra sua organização social e cultural.

O exemplo dos Asurini é eloquente. Esse grupo, vizinho dos Araweté, mudou sua aldeia para as margens do Xingu há algum tempo. Isso não parece ter melhorado em nada a vida do grupo; as condições de salubridade de seu sítio atual são patentemente piores que as vigentes, por exemplo, no PI Ipixuna. Não podemos garantir que a proliferação de uma quantidade de agentes da sociedade nacional no PI Koatinemo – funcionários da Funai, missionários católicos, professores, missionários protestantes fundamentalistas disfarçados de professores ou enfermeiros – esteja servindo à tranquilidade e ao bem-estar da ainda reduzida população Asurini. Não podemos tampouco avaliar em que a maior acessibilidade de Altamira para os Asurini estaria realmente beneficiando o grupo.

A população araweté ainda é majoritariamente monolíngue. Os jovens nascidos pouco antes do contato, ou depois dele, dominam o português em grau variável, mas, em geral, a proficiência nessa língua é pequena. O domínio de conceitos e aspectos fundamentais da cultura envolvente – dinheiro, Estado, propriedade, tabus sexuais, divisão do trabalho, miséria, herança escravocrata, dominação – é extremamente precário. Isso não significa que os Araweté não estejam, pouco a pouco, ganhando experiência e competência na cultura envolvente. A convivência com os funcionários do posto e suas famílias difunde a língua e a cultura regional; várias técnicas e habilidades novas vão sendo incorporadas ao repertório do grupo (natação, construção de canoas, conserto de motores, novos cultígenos); o contato com antropólogos e outros visitantes lhes dá notícia do mundo além do Xingu; a participação em conferências promovidas pelo Conselho Indigenista Missionário (Cimi) e em encontros indígenas, como o de Altamira-1989, lhes dá alguma perspectiva interétnica; as viagens a Altamira para tratamento médico – perigosas e penosas como são – vão paulatinamente enriquecendo sua experiência do mundo dos brancos. Esse processo de adaptação lenta e gradual a tal mundo vem se realizando à medida dos acontecimentos e das necessidades do grupo; acelerá-lo, sob qualquer pretexto, poderia atender às necessidades de muita gente, mas não às dos Araweté.

Para que esse processo se faça em condições favoráveis, é necessária a implantação de um programa consistente de ensino do português (que, a meu ver, deveria se concentrar, nessa fase, no aperfeiçoamento do português oral). Tal programa de ensino deve ser formulado com grande cautela e sensibilidade. Em particular, sou veementemente contrário às tentativas de se introduzirem missionários evangélicos fundamentalistas no PI Ipixuna sob o pretexto dessa necessidade de "alfabetização" e/ou sob a capa do eterno fetiche do "ensino bilíngue".

Tal referência aos missionários não cai do céu. Ela deriva de fatos que aconteceram em Altamira há pouco tempo. A Associação Linguística Evangélica Missionária (Alem), de orientação fundamentalista, vem insistentemente procurando ingressar em todas as áreas indígenas do Médio Xingu desde, pelo menos, 1987. Tiveram sucesso no caso dos Asurini e dos Parakanã, entre os quais conseguiram introduzir missionários que atuam oficialmente como enfermeiros ou professores. No caso dos Araweté, houve uma tentativa em 1991, quando o então administrador regional da Funai quis levar um missionário para o Ipixuna, "para avaliar a situação da tribo no âmbito da educação". Não conhecemos as razões que levaram ao adiamento dessa operação de reconhecimento evangélico, mas de toda forma ela não se deu. O atual administrador de Altamira é contrário ao ingresso de missionários nos Araweté; por ora, eles estão a salvo de semelhante flagelo.

A última coisa de que os Araweté precisam é de um missionário que, sob o pretexto da alfabetização ou do "ensino bilíngue", venha retirar, de forma particularmente pérfida, a tal redoma inexistente. Os Araweté precisam, de fato, aprender a falar português, mas não para dizer aquilo que os missionários querem. De resto, a competência dos missionários da Alem na área da educação indígena é nula, mal servindo para acobertar a intenção de destruição sociocultural dos povos visados por essa organização.

Já em 1988, quando a Funai teve a infeliz ideia de assinar um convênio com a Convenção Batista Nacional (uma das organizações que sustentam a Alem), que previa o envio de dois missionários ao Ipixuna, fui forçado a protestar, escrevendo uma carta à presidência do órgão indigenista e à Associação Brasileira de Antropologia, em que afirmava:

Os Araweté não têm qualquer benefício a esperar da presença desse tipo de agência religiosa em sua vida. Eles precisam de muito pouco – da demarcação de suas terras, de apoio na área de saúde e de um mínimo de proteção econômica. Certamente não carecem de doutrinação religiosa, disfarçada ou não por um assistencialismo supérfluo. A cultura araweté é íntegra e forte, alegre, original e imaginativa. Este não é um povo desesperado, culturalmente desmoralizado, composto de pessoas doentes, alcoólatras, famintas e amedrontadas – até agora. Além disto, os Araweté não acreditam que, por serem índios – e por serem homens – devam se sentir culpados. Eles não têm, portanto, a mínima necessidade de consolo espiritual, particularmente de um "consolo" paternalista, autoritário e messiânico que acha ser preciso destruir valores coletivos para fabricar bons cristãos, e entristecer os homens para formar bons cidadãos[19].

19 Essa carta foi publicada na íntegra em *Aconteceu Especial*, n. 18 (Povos Indígenas no Brasil 1987/88/89/90). São Paulo: Cedi, p. 345.

Em suma: o fato de que os Araweté não incomodam ninguém parece incomodar algumas pessoas. Há pressões para acelerar seu contato com a sociedade nacional e para "desindianizá-los".

E o consumo, pelos Araweté, daqueles objetos industrializados que hoje reputam indispensáveis a seu modo de vida? Por que não poderiam eles, por exemplo, vender a madeira de seu território – até o presente, a única riqueza dali cobiçada pelos brancos – para se autossustentarem? Em primeiro lugar, porque experiências recentes têm demonstrado que as condições atuais de exploração e comercialização de madeira na Amazônia não visam beneficiar os grupos indígenas. Ao contrário, elas provocam danos ecológicos, seu retorno financeiro é pequeno em comparação ao lucro gigantesco dos intermediários ou exportadores, e, em geral, têm provocado uma crise sociocultural aguda nos povos que se envolveram nessa aventura. Em segundo lugar, pelo simples fato de que os Araweté ainda não dispõem de um conhecimento adequado das práticas e dos conceitos da sociedade nacional que lhes permita controlar a exploração e a comercialização da madeira. Finalmente, porque ainda está longe de ser certo que a exploração autossustentável de madeira de lei na Amazônia seja ao mesmo tempo ecologicamente inofensiva e economicamente viável.

O que os Araweté precisam é de tempo. Nossa sociedade, que provocou a morte de pelo menos um terço de sua população, que os apresentou de modo desordenado e irresponsável a uma quantidade de objetos não produzíveis localmente, que os confinou em um território de onde não mais poderão sair sem pôr em risco a própria sobrevivência física e cultural (e que ainda não lhes garantiu o usufruto exclusivo desse território), tem a obrigação de assegurar aos Araweté o tempo e todas as demais condições necessárias para que eles mesmos definam os termos de seu intercâmbio conosco.

Trinta anos depois

Casas, pátios, aldeias
Camila de Caux

[1] O presente texto é resultado do trabalho que realizo junto aos Araweté (particularmente em uma de suas aldeias, Juruãti) desde 2011, ligado inicialmente à minha pesquisa de doutorado. Esta foi elaborada sob a orientação de Eduardo Viveiros de Castro no Programa de Pós-Graduação em Antropologia Social (PPGAS) do Museu Nacional (UFRJ). Agradeço as leituras deste texto e os comentários feitos por Guilherme Orlandini Heurich e Eric Macedo.

[2] Ver, neste volume, o capítulo "O povo do Ipixuna", pp. 31-4.

[3] Ver, neste volume, "Cantos e mercadorias", pp. 174-92.

O povo do Ipixuna: este era o subtítulo do livro que deu origem a esta edição, publicada originalmente por Eduardo Viveiros de Castro em 1992. A mudança do nome para *Um povo tupi da Amazônia* é motivada especialmente pelo fato de que os Araweté habitam atualmente não apenas o igarapé Ipixuna, tal como nos anos 1980, mas vêm se instalando também em aldeias à margem do rio Xingu, num processo de fragmentação que se iniciou nos últimos dez anos[1].

O igarapé Ipixuna é certamente central na topografia atual araweté, não apenas porque em sua margem ainda estão sediadas três das atuais sete aldeias. O Ipixuna forneceu-lhes abrigo num contexto em que os Araweté migravam do oeste, em fuga, diante da presença dos brancos e de outros povos indígenas com quem mantinham relações hostis, nas décadas que precederam o contato oficial com a sociedade nacional, em 1976[2].

Segundo nos conta Eduardo Viveiros de Castro, o padrão de residência até o ano do contato consistia em pequenos aglomerados locais, composto pelo conjunto de núcleos domésticos relacionados a um casal maduro respeitado, cujo homem teria fundado a aldeia (o *tã ñã*, "dono da aldeia"). Nos anos antecedentes ao contato, na década de 1970, havia blocos de tais aglomerados, um ao norte, no alto do igarapé Ipixuna, outro ao sul, na bacia do igarapé Bom Jardim – ambos oriundos de migrações anteriores provenientes do médio Bacajá (e de um bloco da população que, após estas, havia se instalado na região do rio Piranhaquara). O conjunto de aldeias de cada bloco estava conectado por uma rede de parentesco, pelo compartilhamento do idioma e pela frequência mútua em rituais como cauinagens. Já os dois blocos mantinham tênues relações entre si.

Mas os Araweté continuavam a sofrer com ataques guerreiros. Ataques parakanã levaram os blocos a se reunir e, em seguida, a buscar relação mais próxima com os brancos. Inicialmente, uma parcela da população instalou-se nas roças e nos acampamentos de caça de beiradeiros[3]; depois, em maio 1976, o contato passou a ser mediado pela Frente de Atração do Ipixuna, da Funai. Foram convencidos por esse órgão a instalar-se (após uma longa e sofrida caminhada) nas antigas aldeias no alto curso do Ipixuna, onde pouco depois outra parte da população os alcançou. Em 1978, devido a novos ataques parakanã, fizeram uma nova mudança para um posto da Funai criado no médio curso do Ipixuna. Ali, inicialmente, passaram a viver em duas aldeias vizinhas: parte da população ficou junto ao posto, outra se instalou na margem à frente, do outro lado do igarapé. Três anos depois, o desejo de acesso aos mesmos bens e serviços daquela levou-os a juntar-se ao redor do Posto, e toda a população viveu nesta aldeia até 2001.

[4] Beto Ricardo e Fanny Ricardo (org.). *Povos indígenas no Brasil 2006/2010*. São Paulo: ISA, 2011, pp. 531 ss.

[5] Renata Faria, *Povos indígenas na Amazônia e o mercado de produtos florestais não madeireiros: efeitos no uso de recursos naturais pelos Araweté*. Dissertação (mestrado em ciência ambiental) – USP. São Paulo: 2007, p. 106.

[6] *Ibid.*, pp. 105 e 257.

[7] *Ibid.*, p. 102.

Estima-se – embora não seja possível saber ao certo – que antes do contato havia uma população de pelo menos 200 índios que hoje identificamos como araweté. Dos que sobreviveram à baixa do contato (que foram mortos sobretudo por doenças, grande parte durante a caminhada), restaram 120 índios. Apenas em 1992 eles retomavam o número anterior de 200 pessoas, alcançando, em meados da década de 1990, uma população de 280 indivíduos[4]. Em 2000, um surto de varicela atingiu quase integralmente a população (218 dos 280 araweté, segundo o PIB 1996/2000) e levou à morte nove pessoas – um recém-nascido, um adulto e sete idosos. A dificuldade de acesso à aldeia levou os Araweté a decidir, junto aos funcionários da Funai, transferir-se para um ponto mais à jusante do igarapé. Em outubro de 2001 abandonaram a antiga aldeia e mudaram-se para a nova, denominada também Ipixuna, a cerca de seis quilômetros do rio Xingu.

Desde a drástica redução do contato, e apesar dos óbitos por doença dos anos seguintes, a população crescia. Em julho de 2005, a pesquisadora Renata Faria contou 326 indivíduos; em novembro do mesmo ano, havia 336, "um crescimento de 3% em apenas quatro meses"[5]. Tal configuração demográfica, porém, levava a um modo de habitação bastante distinto do padrão anterior ao contato. Toda a população concentrava-se, até outubro de 2005, naquela única aldeia. O Ipixuna contava então com conjuntos de núcleos residenciais ligados por relações de parentesco, mas em certa medida desconectados entre si. Alguns mal se visitavam, encontrando-se ocasionalmente em rituais ou nas dependências dos não indígenas, como no posto da Funai ou na farmácia. Ainda assim, a concentração em uma única aldeia e a insistência dos brancos em unificar toda a população criavam inúmeros desentendimentos. Dessa época, os Araweté recordam um cotidiano marcado por brigas e conflitos políticos diversos.

Em 2005, conta-se, a aldeia já estava internamente cindida, e em outubro efetivou-se o movimento que se insinuava há algum tempo. Sete famílias (31 pessoas) deixaram a aldeia Ipixuna e fixaram residência na localidade onde haviam aberto suas roças, já com o objetivo de mudar-se. Criava-se então a aldeia Pakãñã, mais a montante no igarapé Ipixuna[6].

A população da aldeia Ipixuna, todavia, permanecia grande. Eram 301 indivíduos distribuídos em cerca de 90 residências[7]. A criação do Pakãñã foi apenas o estalo inicial. A partir de então pôs-se em marcha o desejo da criação de novas localidades para habitação. Em 2008, cerca de 100 pessoas deixaram a aldeia Ipixuna e criaram o Juruãti, localizado na boca do igarapé. Após negociações, em 2010 criou-se uma nova aldeia, agora localizada nas margens do rio Xingu, e não mais do Ipixuna. Era o Paratatsɨ. Em 2011, fundou-se a aldeia Aradɨti, também na margem do Xingu, perto dos limites com a Terra Indígena Koatinemo (onde vivem os Asurini).

Em 2012, parte da população de uma das novas aldeias, o Juruãti, resolveu separar-se e criar a aldeia Ta'akati, também no Xingu, mais a montante, em direção ao limite com a Terra Indígena Apyterewa (do povo Parakanã). Atualmente, está em processo a criação de mais uma localidade, Ajuruti, a partir de uma cisão do Aradɨti. Ela localiza-se não muito distante da que lhe deu origem, no Xingu.

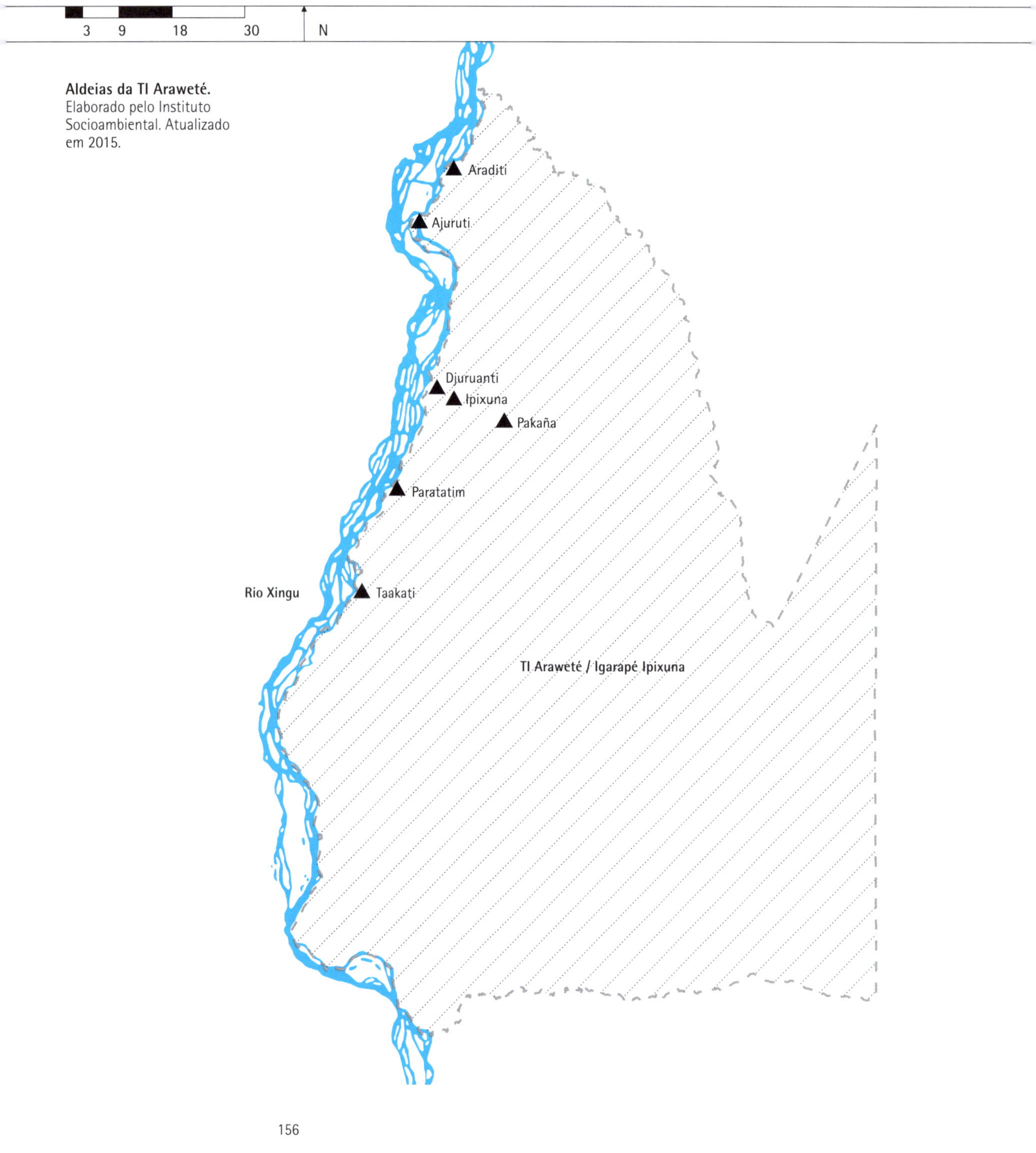

Aldeias da TI Araweté.
Elaborado pelo Instituto Socioambiental. Atualizado em 2015.

Araditi
Ajuruti
Djuruanti
Ipixuna
Pakaña
Paratatim

Rio Xingu   Taakati

TI Araweté / Igarapé Ipixuna

Há pontos interessantes no que diz respeito a tais divisões. Para começar, é possível perceber uma espécie de replicação do padrão demográfico anterior ao contato. Em vez da reunião de toda a população em apenas uma localidade[8], temos novamente uma multiplicidade de aldeias distribuídas por uma vasta extensão territorial. E agora, como então, tais aldeias estão diferentemente distanciadas umas das outras e mantêm diferentes graus de relações entre si.

O texto de Eduardo Viveiros de Castro republicado aqui, elaborado há mais de duas décadas, é notavelmente atual. As mudanças que ocorreram desde o seu trabalho, particularmente no que diz respeito à distribuição espacial, trazem matizes interessantes a seus dados. Nas páginas que seguem, indicarei algumas atualizações em relação ao que o autor vivenciou quando havia apenas uma aldeia araweté. O que apresento já estava em certa medida anunciado em seu texto, mas toma nova evidência, seja por causa dos contornos demográficos atuais, seja pela perspectiva diferente de gênero proporcionada por minha experiência, enquanto pesquisadora, entre os Araweté.

Comunidade

De uma única aldeia, em 2005, temos hoje sete, e potencialmente mais. Eduardo Viveiros de Castro já apontou, nas páginas anteriores, que a aldeia Ipixuna era, na época em que ele lá esteve, uma "justaposição de unidades menores": uma junção dos diferentes pátios que congregam núcleos familiares e suas casas. Talvez fosse possível ver em tal formação o resultado da conjuntura do contato: vários blocos residenciais, que antes viviam distribuídos por uma vasta extensão de terra segundo uma lógica de parentesco, tiveram de ser reunidos sob uma única aldeia em função de uma estratégia suscitada pela relação com os brancos. Todavia, após a distribuição atual em várias aldeias, a configuração de cada uma delas mostra que, ainda que a organização daquele momento fosse por certo artificial – já que agregava famílias que em outras circunstâncias não coabitariam –, tal justaposição de unidades é essencial ao modo araweté de habitação.

Dizer que cada uma das sete aldeias atuais é "uma" merece mais atenção. Tal unidade aparece sobretudo a um olhar externo: cada aldeia tem um nome, situa-se em uma determinada localidade, tem uma quantidade relativamente fixa de pessoas e casas, uma farmácia, uma escola. Mas isso não é suficiente para fazer reunir o conjunto de seus habitantes em um único coletivo: é somente aos olhos de quem não habita ali que se entrevê uma unidade.

De fato, palavras como "comunidade", "grupo" ou qualquer outro termo sociológico totalizante definido *a priori* (como "etnia", "povo" etc.) não faziam parte do vocabulário do português utilizado por esses índios até pouco tempo atrás. Muito menos existem no idioma araweté. Viveiros de Castro notou que o termo "Araweté" foi um etnônimo criado pelo sertanista João Evangelista de Carvalho na época do contato. Não havia qualquer palavra desses índios que pudesse denotar sua coletividade como um todo. Apenas o pronome na primeira pessoa do plural – curiosamente, o "nós inclusivo" (*mide*), não o exclusivo (*ure*) – poderia ser

[8] É interessante lembrar que quando os Araweté foram reunidos em uma única aldeia em torno do posto da Funai, em 1978, parte da população decidiu residir do outro lado do igarapé Ipixuna, possivelmente já em função do incômodo pela concentração em uma única aldeia com pessoas que, além de não diretamente relacionadas, permaneceram por um grande período em territórios apartados. Conta-se que, nessa época, quando havia festas de cauim, o soprador (*memo'o hã*) convidado dos cantos dos inimigos era da aldeia localizada na margem oposta – o que acontece também hoje, sendo essa posição ocupada sempre por alguém de outra aldeia.

encarado como um termo coletivizante, porém não delimitando um *grupo* definido de pessoas, mas um conjunto contextual de *gente*: pode designar seja *"nós, a gente"* (isto é, *ego* e as pessoas em seu entorno), até a família do interlocutor, sua aldeia, o conjunto de aldeias araweté ou, enfim, os humanos como um todo – incluídos seres que nossa classificação rejeitaria, como Lua, Dono da Água, seres da mata (*Ani, Ajaraetã* etc.). A introdução de termos como "comunidade" não aconteceu apenas agora, provavelmente ela vem já da época do contato. Todavia, sua apreensão é ainda imprecisa. Não é incomum ouvir ponderações sobre um determinado bem cedido pelos brancos (as carteiras da escola, por exemplo) serem "da comunidade" ou de alguém – e as conversas, tidas no idioma araweté, deixavam evidenciar claramente o vocábulo aprendido do português, que não encontra tradução em sua língua.

As coisas dentro da aldeia não são de todos. Determinadas casas são de determinadas pessoas, assim como tudo o mais: as casas abandonadas, os pátios, os banheiros, os jiraus, as árvores frutíferas, as torneiras espalhadas entre as casas, os portos de banhar, os caminhos para as roças, fiações de eletricidade. Tudo é referido como pertencente a alguém – e inclusive, infelizmente para todos, o mato que cresce em volta das casas e o lixo espalhado pelos terreiros. Alguém deve ser seu "dono", e um trecho do terreno que não tem dono provavelmente não será capinado e acumulará lixo.

Determinados elementos doados pelos brancos para serem "da comunidade" geram problemas. Antes de qualquer coisa, porque não existe "a comunidade". Vimos claramente isso acontecer no contexto da construção da usina hidrelétrica de Belo Monte. Quando a Norte Energia já havia recebido a Licença de Instalação sem ter iniciado o Plano Básico Ambiental, a empresa colocou em operação, com aval da Funai, um "Plano Emergencial" que teria como objetivo iniciar algumas ações urgentes de compensação socioambiental. Na prática, tal objetivo foi "desvirtuado"[9], e as ações se transformaram em listas de mercadorias "oferecidas" pela empresa a todas as aldeias do Médio-Xingu, em troca da licença almejada. No que diz respeito aos Araweté, como descreve Guilherme Orlandini Heurich neste volume, antes mal havia motores de barco, mas, a partir do momento em que um foi entregue, outros tantos tiveram de ser acrescidos à conta. Um motor "da comunidade"[10] é um problema, não uma solução, e talvez criasse mais questões do que não ter motor algum. O objeto logo foi associado a um dono, e não muito tempo depois todos os outros homens adultos também almejariam ter os seus próprios – pois depender de outrem é uma opção bastante controversa ali.

A progressiva divisão das aldeias possibilitou a distribuição de pessoas segundo desígnios próprios, que não foram impostos pelo órgão indigenista ou por qualquer outra força exógena (como aconteceu na época do contato). Todavia, contrariamente a qualquer noção de comunidade ou coletivo unitário, cada uma das aldeias replica ainda aquele padrão de "justaposição" encontrado por Viveiros de Castro. Na verdade, cada aldeia é uma espécie de *patchwork* de vários "setores" formados por uma ou mais casas.

---

9   Essas ações causaram impactos que não estavam previstos nos estudos realizados previamente à construção da barragem e que ainda precisarão ser estudados de maneira sistemática, a fim de que se constate a gravidade de seus efeitos (para mais informação, ver Ação Civil Pública do Ministério Público Federal, de 7 de dezembro de 2015, assinada pelos procuradores da República Thais Santi, Cynthia Arcoverde e Ubiratan Cazetta). Pela minha experiência, é fato que o processo resultou numa mudança de hábitos de alimentação, de regularidade de visitas à cidade, do padrão de residência e da relação desses índios com a casa.

10 Algo parecido acontece com escolas. Elas e os bens em seu interior, como carteiras, lousa e materiais escolares seriam "da comunidade". Eles são de todos e qualquer um, mas não são do conjunto de habitantes: eles são de ninguém e, portanto, ninguém tem responsabilidade particular por sua manutenção. Todavia, podem ter surgido novas questões atualmente, pois durante grande parte do meu trabalho de campo não havia professores indígenas no Juruãti (e o cacique era quem mais se responsabilizava pela edificação e pelos materiais da escola). Agora, com a inclusão dessa categoria profissional, é provável, como acontece em outros lugares, que a escola seja tomada como "do professor". Para reflexão sobre o "comunitário", ver também Elizabeth Pissolato, *A duração da pessoa: mobilidade, parentesco e xamanismo mbyá (guarani)*, São Paulo; Rio de Janeiro: ISA; Editora Unesp; NuTI, 2007, p. 61.

[11] Há que se notar que jovens solteiros, principalmente homens, normalmente já possuem uma casa desde a puberdade. Quando têm irmãos/irmãs menores, desde que estes estejam mais crescidos (a partir de 4 ou 5 anos), eles podem juntar-se ao irmão em sua residência. Pouco antes da puberdade, as meninas também deixam a casa dos pais, podendo morar em uma residência vizinha ou na casa de outros parentes. No caso desta, o importante é que ela não tenha sua primeira menstruação sob o mesmo teto paterno. Em todo caso, no que diz respeito ao conjunto dos filhos, o comum é que as crianças, à medida que cresçam, se destaquem progressivamente do núcleo dos pais. Para mais conteúdo a esse respeito, conferir minha tese de doutoramento em antropologia social, intitulada *O riso indiscreto: couvade e abertura corporal entre os Araweté*, pelo PPGAS do Museu Nacional (UFRJ).

Cada casal – o "núcleo mínimo" da sociabilidade araweté, como discutirei à frente – possui uma casa[11]. Cada casa possui um pátio (*hïkã*). Todavia, o limite do que é um pátio não é claro. Às vezes é possível verificá-lo observando o limite do crescimento do mato: um casal irá capinar o chão daquele que é considerado seu terreno. O mesmo pode ser dito quanto à limpeza, pois a parte que é cotidianamente varrida provavelmente será considerada seu pátio. Todavia, tais limites normalmente modificam-se com o tempo, às vezes mesmo de um dia para o outro.

Quando há várias casas próximas, a delimitação dos pátios torna-se praticamente indiscernível. Isso tende a acontecer nos espaços que reúnem famílias ligadas por relações próximas de parentesco, por exemplo um casal maduro com suas crianças que tem como vizinhos suas filhas ou filhos casados, também com seus filhos. Eventualmente também outras famílias vizinhas, mesmo que não diretamente aparentadas, costumam fazer parte dessa rede de convívio. Chamo tais espaços de "zonas", um conjunto de pátios contíguos que, sob certo ângulo, podem dar a impressão de ser um único pátio com múltiplos sítios de encontro. Isto é, as famílias que compõem tais zonas costumam fazer refeições juntas, bem como compartilhar dos cafés e rodas de conversa umas das outras, fazendo-o alternadamente nos diferentes pátios que compõem a zona.

Mas tais zonas tampouco são delimitáveis. Não há como desenhar seus contornos ou enumerar aqueles que costumam frequentá-la, sem sair com uma sensação de inadequação. Há algo que não se distingue na dinâmica cotidiana delas: se em alguns dias, ou durante alguns períodos, vários de seus habitantes costumam comparecer ali, em outros é possível ver que tais famílias não deixam os limites de sua própria casa, tornando a zona inabitada. Em alguns dias, tais espaços reúnem um grande grupo, agregando também famílias que moram um tanto mais afastadas; em outros, nem mesmo aqueles com relações diretas de parentesco, vizinhos contíguos, comparecem.

Tais vizinhanças não se estabelecem necessariamente por uma distância espacial (a proximidade dos pátios) nem por uma métrica demográfica (a quantidade de pessoas ou a genealogia entre os que a compõem). Quando se focalizam tais zonas, é necessário evidenciar as relações; isto é, o espaço não existe por si só, mas apenas enquanto formado pelas pessoas – e relações entre elas – que costumam frequentá--lo. Fora de tais encontros, tais zonas não existem.

Talvez se possa ver nisso um tipo de princípio arquitetônico araweté, pois o fundamental é que as zonas não sejam completamente "fixas". E, mais que isso, que elas sejam intrinsecamente fracionárias: dentro de uma mesma zona, há outros espaços que podem agregar menos pessoas. O mínimo é a casa: a residência do casal com seus filhos pequenos. O maior talvez seja a aldeia: o conjunto dos pátios (e das zonas), formado pelos habitantes de uma mesma localidade, que são identificados do ponto de vista de outras aldeias ou dos brancos. De fato, há noções araweté que marcam essa ideia: fulano*rehã*, "os relacionadores de fulano", ou fulano*wĩ*, "o pessoal de fulano". Guilherme Orlandini Heurich define bem em sua tese:

Quando se referem aos moradores de uma aldeia enquanto um coletivo distinto daquele do falante, eles dizem "x rehã" – sendo "x" o nome da aldeia em questão. É possível também usar -ehã para se referir aos parentes de um ego qualquer, apenas substituindo x pelo nome da pessoa em questão – "fulanorehã" – e indicar assim os "relacionadores de fulano". Assim, -ehã é um coletivizador que indica aqueles que se relacionam a uma pessoa ou aqueles que moram em uma aldeia e, nesse sentido, possibilita que a distinção entre coletivos se expresse entre aldeias diferentes ou entre "grupos" de uma mesma aldeia"[12].

[12] Guilherme Orlandini Heurich. *Palavras quebradas, mundos citados e mortos esquecidos na arte verbal araweté*. Tese (doutorado em antropologia social) – PPGAS do Museu Nacional (UFRJ). Rio de Janeiro: 2015, p. 67.

Do que pude perceber, uma aldeia não mantém uma configuração de casas e pátios por muito tempo. Durante o período de meu trabalho de campo, produzi uma série de esboços da aldeia em que morei (o Juruãti): nos dez mapas que possuo, sempre há alterações. Um casal pode decidir construir uma nova residência, normalmente pelo envelhecimento ou pela obsolescência da casa anterior, ou às vezes apenas por precisar de um novo local. A casa velha normalmente permanece como morada dos filhos púberes, como despensa, como abrigo para visitas de outras aldeias ou apenas como casa de fogo doméstico e cozinha. Mas o importante é que, a cada nova construção, novas relações se estabelecerão. Detalhes como a direção da porta da casa, o espaço tomado como pátio ou a escolha de onde posicionar o fogo de cozinha – que pode variar segundo a estação (posicionado no exterior, durante o verão, e no interior de uma casa, no inverno) ou de acordo com uma maior ou menor exposição aos olhos alheios – serão importantes para a configuração do novo nexo. De fato, os Araweté me ensinaram que se costuma compartilhar comida entre vizinhos: moradores de casas contíguas convidam-se para refeições, quando há comida bastante, e para beber dos cafés matinais e vespertinos. A aproximação ou o distanciamento gerado pela construção de uma nova casa ou posicionamento de um pátio também produz alterações nessas relações. Não por acaso, um casal pode decidir em um momento mudar radicalmente o local de sua habitação, formando uma nova rede alimentar – e então de convívio próximo – em outro ponto da aldeia.

É comum também a opção por mudar a posição da casa para as bordas interiores da aldeia, na interseção com roças ou clareiras. Às vezes todos os núcleos residenciais de uma família estendida irão juntamente, às vezes apenas um casal irá fazê-lo, sendo ou não acompanhado posteriormente por seus parentes. Trata-se de um movimento lento, por certo, mas o ponto é que, ainda que as aldeias atuais sejam sedentárias, elas não são fixas: elas paulatinamente dispersam-se pelo território e, ao fazê-lo, adentram-se em direção oposta à margem do rio. A aldeia está em constante transformação interna.

Tal possibilidade de movimento, porém, deriva do material das casas e das técnicas construtivas. Como contou Eduardo Viveiros de Castro, durante seu trabalho de campo havia poucas casas no estilo tradicional: choupanas cobertas inteiramente de palha de babaçu. A maioria era construída no estilo camponês regional, de taipa, palha de babaçu e chão batido – o mesmo estilo que encontrei no início de meu período de campo, em 2011: exceto por duas, que se diferenciavam por paredes de madeira, todas as casas eram ainda de barro. A disponibilidade dos materiais (madeiras para a estrutura, barro, palha e cipó), bem como o conhecimento compartilhado das técnicas de construção, permite que com pouca ajuda qualquer homem adulto possa construir uma nova edificação quando lhe aprouver (e à esposa). Entre 2013 e 2014, porém, houve uma mudança radical na natureza arquitetônica da aldeia.

De fato, durante a construção da usina hidrelétrica de Belo Monte, além das listas de mercadorias distribuídas com o "Plano Emergencial", como já foi exposto, uma série de outros itens foi negociada pela empresa em acordos de desocupação de canteiros de obra, por ocasião de manifestações por parte dos povos indígenas da região. Entre estes, constava a construção de novas casas, que acabaram obedecendo ao novo estilo regional: telha de *brasilit* e chão de cimento – materiais que foram transportados da cidade de Altamira – e parede de madeira retirada da própria Terra Indígena. Há sérios problemas relativos à escolha dos materiais. Por terem o chão de cimento, por exemplo, as novas casas não aceitam fogos domésticos em seu interior sem causar danos ao piso. O novo pavimento também inviabiliza ou dificulta algumas práticas tradicionais, como a fixação do tear para fabricação das tipoias pelas mulheres e o enterramento da placenta após o parto[13]. A telha *brasilit* também traz problemas, como o calor acumulado pelo horário da tarde e o frio durante a madrugada. Ou, se o casal decide (apesar da inadequação do piso) colocar o fogo dentro da casa (para cozinhar ou se aquecer), a fumaça – que antes saía pela palha – tende a ficar acumulada no interior.

Afora tais pontos, há questões também em relação ao que venho argumentando até aqui. As alterações permitidas pelo material da casa de barro viabilizam transformações sutis, como a mudança da direção de uma porta ou a derrubada de uma parede. A possibilidade de edificar, com pouco planejamento, uma nova habitação traz outras questões muito mais notórias. Acompanhei, em mais de uma ocasião, um homem considerar a possibilidade da nova construção em um dia e, poucos dias depois, a nova estrutura já estar montada. Tal impetuosidade é fundamental, pois possibilita a solução de determinados problemas – sejam eles de convívio, relativos ao crescimento de filhos, para abrigar determinados bens ou criar um novo espaço para o fogo e as refeições, ou tantos outros – no momento mesmo em que eles se insinuam. Qualquer tipo de mudança, como já argumentei, traz alterações também no que diz respeito às relações entre os habitantes. A estrutura das novas edificações, contudo, não é apenas mais "fixa" como também demanda conhecimentos especializados para sua construção. Isso não impedirá, provavelmente, que mais casas dos estilos anteriores sejam construídas, tampouco que alguns homens se aventurem pelas técnicas da nova engenharia construtiva – nesse caso, porém, será necessário dinheiro para adquirir cimento, telhas e combustível, além de muito mais mão de obra (ou tempo) para acumular as tábuas. Resta ver, todavia, quais efeitos a constituição das novas habitações provocará nos mecanismos internos da aldeia, seja no que diz respeito à mobilidade, seja no traçado das relações que a geografia desenha.

[13] Em função dessa última prática, muitos araweté dizem que sempre manterão casas no estilo regional, de chão de barro, ou as construirão durante a gestação das mulheres, para que possam enterrar os restos do parto.

O núcleo conjugal e suas relações

Quando estão em questão tais "zonas", outro ponto importante salta aos olhos. Se não há aquela forma unitária própria da "comunidade", como são tomadas as decisões comunitárias? A relação com o mundo não indígena fez criar-se a posição de cacique, em geral um homem respeitado (pelo menos um em cada aldeia, mas em alguns casos dois) que é procurado para lidar com os trâmites burocráticos da sociedade nacional. Todavia, como bem notou Eduardo Viveiros de Castro no capítulo sobre *A ação coletiva*, cada decisão é tomada por cada pessoa tendo em vista conversas com a família extensa; as ações que devem ser tomadas em conjunto são particularmente problemáticas.

A unidade fundamental da socialidade araweté é, como em outros contextos ameríndios, o núcleo conjugal: o par formado pelo marido e a esposa e os filhos pequenos e solteiros. Cada núcleo conjugal possui uma residência e, em volta dela, o pátio onde faz a maioria das refeições e passa o tempo, seja a conversar ou a trabalhar em atividades próprias (a mulher a tecer, o homem a fabricar ou reparar instrumentos para a caça ou a pesca). O pátio é geralmente um espaço no exterior da residência, varrido cotidianamente seja pelo marido, seja pela esposa, e capinado frequentemente por ambos. Ali, ao ar livre ou dentro de uma "casa de fogo" (*tatã niro*, "envoltório do fogo"), o casal recebe visitas para café ou para suas refeições.

O fogo pode ser considerado um marcador espacial da unidade conjugal. De fato, um dos primeiros itens a ganhar lugar na residência de um novo casal é o fogo doméstico. Ao criá-lo, o casal introduz uma relativa ruptura: ele configura o princípio de um progressivo afastamento dos sogros, ao criar uma zona alimentar própria, discernível – embora não autônoma – da "vizinhança" de que faz parte. Tal quebra não é brusca. O casal continua compartilhando refeições no pátio dos pais de um ou outro cônjuge, geralmente motivados pela fartura em alguma das casas. Mas agora, em uma ou outra ocasião, eles também podem cozinhar somente para si algo que o rapaz trouxer da caça ou da pesca, ou uma peça recebida numa distribuição. De fato, como acontece em outros contextos etnográficos, como entre os Munduruku, a unidade conjugal é a unidade mínima de consumo alimentar[14]; ou, como entre os Aweti, é "a unidade mais próxima de um compartilhamento não problemático de alimentos"[15]. Em geral, é esperado que o casal convide os sogros e os vizinhos para servir-se de um bocado de sua refeição, mas não há obrigatoriedade nisso; sobretudo quando há pouca comida, um casal poderá compartilhar seu alimento apenas entre si e com filhos solteiros.

Tal configuração do "casal" se replica em quase todos os contextos. Por exemplo, na disposição de pessoas dentro de uma voadeira para a viagem, cada casal irá sentar com seus filhos pequenos em um dos bancos do barco. Raramente vê-se um casal sentado separado (exceto quando o marido pilota), mesmo quando o barco está vazio. O casal está sempre junto e caminha sempre junto pelos lugares.

Ao menos do ponto de vista masculino, a esposa só anda na companhia do marido. A imagem dos cafés matinais é ilustrativa: diariamente os casais (com seus filhos pequenos) passeiam pelas casas de vizinhos, parentes próximos, lideranças ou mesmo de outros corresidentes mais distantes para tomar café e conversar. Nessas ocasiões, o marido

---

[14] Yolanda Murphy e Robert Murphy. *Women of the Forest*. Nova York; Londres: Columbia University Press, 1985, p. 170.

[15] Marina Vanzolini. *A flecha do ciúme: o parentesco e seu avesso segundo os Aweti*. Tese (doutorado em antropologia social) – PPGAS do Museu Nacional (UFRJ). Rio de Janeiro: 2010, p. 329.

16 Ver "Araweté: a índia vestida", *Revista de Antropologia*, v. 26, 1983.

17 Ver também Luisa Elvira Belaunde. *Viviendo bien: género y fertilidad entre los Airo-Pai de la Amazonía Peruana*. Lima: CAAP; Banco Central de Reserva del Perú; Fondo Editorial, 2001, p. 147; e Elizabeth Pissolato, *op. cit.*, p. 165.

geralmente vai na frente, e é ele quem se levanta quando quer partir, sendo seguido por ela. Disseram-me que a mulher tem de ficar sentada, e o homem pode manter-se em pé, mesmo sendo muitas vezes ela quem se desloca para encher a caneca com a bebida para ele (embora o marido também sirva a esposa frequentemente). Mesmo em outros momentos, os casais andam juntos sempre que possível, como para banhar (quando o homem lava a voadeira ou conserta o motor enquanto ela lava as roupas e panelas), buscar remédios na farmácia, ir à roça e pegar água na cacimba ou lenha. O caso do (então) único professor araweté, alguns anos atrás, também é um forte exemplo: indo cursar por dois meses um módulo do magistrado em Altamira, pediu aos organizadores que sua mulher pudesse acompanhá-lo – até onde eu saiba, a única esposa acompanhante então permitida no curso.

Mas os homens deixam a aldeia quase diariamente para caçar ou pescar. Também podem, embora não apreciem, viajar sozinhos a Altamira com o intuito de resolver problemas burocráticos, presenciar reuniões, realizar compras etc. Tais ausências influem no cotidiano feminino.

As mulheres passam grande parte de suas tardes, às vezes também as manhãs, no tear. Essa é uma atividade que, em geral, elas têm muito prazer em realizar – principalmente quando se trata de começar ou terminar uma nova peça (muitas mulheres guardam alguns exemplares não finalizados, por enjoarem da peça, e os retomam em outro momento). Viveiros de Castro e Berta Ribeiro[16] contam que, na época em que conheceram os Araweté, as mulheres usavam grande parte de seu tempo na fiação do algodão – com uma técnica refinada, produzindo em suas pernas fios homogêneos e de diversas espessuras – e na produção das vestes. Hoje, a fiação do algodão ainda é realizada por adultas e idosas, mas as linhas de crochê ou de barbante adquiridas em Altamira são as mais comumente usadas. Como existe uma grande variedade de cores industrializadas, as índias raramente utilizam o urucum para obter o pigmento da saia, como costumavam fazer. Há atualmente saias de variadas cores, mas as vermelhas ainda são as preferidas – frequentemente é utilizado um corante industrializado para tingir uma saia tecida em fio cru ou para renovar o tom de vermelho de uma peça já desbotada, para que fique com o tom mais forte.

Quando seus maridos saem para a caça ou pesca, é nessa atividade que elas passam a maior parte do tempo. Contaram-me diversas vezes que maridos ciumentos olham a quantidade de saia tecida pela esposa durante sua ausência, comparando com o que havia antes. Se a saia continua mais ou menos da mesma forma, é sinal de que ela "ficou passeando". Segundo os homens araweté insistentemente me ensinavam, a mulher não pode "ficar andando", não pode *upuhu-puhu* ("passear") quando o marido está ausente. O homem chega e, contaram-me, fala: "parece que o pé do meu menino está doendo [de tanto andar]" ou "meu menino dormiu cedo hoje, nem dormiu à tarde, ficou só passeando". Aqui, não necessariamente está implicada uma alusão à infidelidade – embora possa estar. A questão é que a atividade de "andar" e "passear" implica socialização: visitar, conversar, beber café, comer, fofocar, fazer intrigas[17].

É verdade que as mulheres também passeiam sem seus maridos. Em geral avisam-lhes da programação e sempre vão acompanhadas por outras mulheres para realizar atividades cotidianas, como rachar e carregar lenha e buscar água na cacimba. Eventualmente vão à roça colher cultivares (principalmente milho, macaxeira, mandioca, batata-doce), ou fazer farinha de mandioca, embora isso quase sempre seja realizado com seus maridos. De todo modo, uma mulher jamais sai sozinha da aldeia, pois ela seria alvo fácil de predações (especialmente as sexuais, sobrenaturais ou não). Os passeios são em geral rápidos e objetivos, embora eventualmente sejam ocasião de banhos em cursos d'água nas roças. Já os banhos na beira do rio, na aldeia, podem ser demorados e são ocasião de muita conversa. Uma mulher pode ir sozinha (apenas com os filhos pequenos) lavar suas roupas e vasilhas, mas geralmente aproveita a companhia de outras.

Evidentemente, há diferenças entre casais, mas mesmo os maridos mais ciumentos apenas devem ser informados do destino da esposa para que ela ande sem ele. Há também mulheres particularmente proeminentes nas deliberações do casal, e são elas que tomam algumas decisões, como quando partir das visitas – elas levantam-se primeiro ou só dirigem ao cônjuge um sugestivo *ere*, "vai" (neste caso, algo como "vamos"). Segundo pude perceber, essas mulheres são aquelas que "criaram" seus maridos – uma prática matrimonial bem comum: rapazes casados com solteiras um pouco mais velhas ou com viúvas com muitos anos (ou décadas) de diferença. Em todo caso, tampouco essas mulheres "ficam passeando" na ausência do parceiro.

Parece haver uma fixidez característica da posição feminina em contraposição à masculina. São as mulheres que ficam na aldeia quando os homens saem – ou melhor, ficam na casa, que é o núcleo geográfico da unidade conjugal. Mas não só isso: elas também são o ponto fixo em excursões na mata ou na abertura de roças. Nessas ocasiões, são as mulheres que carregam todos os objetos necessários (e o filho de colo, se for o caso) ao local onde o casal instalará sua rede, talvez produzirá o fogo – dali o marido sairá em excursão com outros homens para roçar e queimar um novo terreno (para plantar o milho de alguma família), ou para coletar açaí ou caçar. Essa será a região para onde o marido se dirigirá nos momentos de descanso ou ao fim do trabalho, e de onde as mulheres sairão só ocasionalmente para se pintar, tomar o café umas das outras ou conversar perto da rede de outras. Mesmo suas crianças sairão, mas ela marcará a posição geográfica fixa do núcleo conjugal. Ao fim do trabalho, a família se reunirá naquele ponto e partirá junta para a casa.

Outro aspecto deixa clara essa relação. Nas excursões na mata, muitas mulheres levam (ou coletam) talos de babaçu para instalar ali seus teares. Assim como na aldeia, elas passarão o tempo da ausência do marido tecendo. A própria estrutura tradicional do artefato não deve ser desprezada: com as hastes fincadas no chão, o instrumento é fixo. Na mata, ele será instalado junto à rede e ao fogo, o centro de referência geográfico do casal.

É verdade que, na aldeia, a estrutura fixa do tear não evita a movimentação da atividade: dependendo do seu humor, a mulher pode resolver tecer em lugares diferentes, mas ela terá de desinstalá-lo para transferi-lo. Isso torna a ação menos comum – ou, ao menos, tornava,

[18] Luciana França, *Caminhos cruzados: parentesco, diferença e movimento entre os Kagwahiva*. Tese (doutorado em antropologia social) – PPGAS do Museu Nacional (UFRJ). Rio de Janeiro: 2012, pp. 82-3.

[19] *Ibid.*, p. 83.

pois ocorreu recentemente uma alteração no formato do tear. As casas construídas agora têm o chão de cimento. Para não furar o pavimento (o que muitos acabaram fazendo), um homem construiu para sua esposa uma estrutura de base que possibilita ao instrumento ficar em pé sem se fixar ao chão. Outros logo reproduziram. Nas aldeias, as mulheres tecem muitas vezes sozinhas, dentro da residência, na casa de fogo (isto é, na cozinha externa) ou no pátio, quase sempre prestando atenção nos *mai marakã* (ou "música de pajé") transmitidos por pen-drives em seus rádios. Frequentemente elas também tecem acompanhadas por outras mulheres. Não raro visitantes sentam-se no pátio de alguma mulher, ajudando a trançar alguns fios verticais (*zaɨxĩ pɨĩ*-hã) da peça – já vi até quatro mulheres e uma criança em um só tear – ou somente se juntando à conversa. Às vezes, ainda, mulheres levam seus teares para o pátio de outra – nesse caso, geralmente trata-se de vizinhas e/ou parentes próximas (filhas, irmãs, cunhadas, noras). Quando não havia os novos teares móveis, era necessário reinstalar os talos de babaçu que estavam em suas casas. O esforço nem sempre era convidativo. Atualmente, a estrutura móvel permite mais vezes tais reuniões – mas isso nem sempre é bem recebido pelos maridos.

Em todo caso, as reuniões de mulheres na ausência de seus maridos são ocasiões de muita conversa, quase sempre também de fofocas - talvez nem exista diferença entre uma e outra nesse contexto. Isso é semelhante ao que Luciana França escreveu sobre o Alto Jamari[18]: qualquer enunciação sobre outrem, sem que este esteja presente, será provavelmente tomada por ele (se tomar conhecimento) como um comentário inapropriado. De fato, parecia existir na aldeia um ideal irrealizável de que ninguém pudesse saber – ou no mínimo comentar – sobre as circunstâncias da vida alheia. Aqui também: "[n]um lugar onde tudo é 'segredo', tudo pode ser também fofoca, basta para tanto que seja dito"[19].

Os encontros de mulheres são também, em geral, momentos de alegria e cuidados. Elas são muito carinhosas entre si. Estão sempre a olhar piolhos das cabeças umas das outras, ou a pentear cabelos e passar cremes, ou a se acariciar, recentemente a pintar as unhas alheias, e não é incomum que caminhem em duplas, de braços dados, pela aldeia. Às vezes também uma decide presentear outra com uma saia, o que ocasiona uma sequência de trocas: frente ao primeiro presente, outra se anima a ofertar uma peça a alguém que está próxima e por quem tem afeto no momento. Nenhuma espera uma contrapartida imediata, e esta às vezes nunca vem.

Tal rotina feminina faz com que alguns homens a desprezem: "homem caça, roça, derruba pau. Mulher não, só faz saia". Evidentemente, não é assim. As mulheres ensinaram-me repetidamente que se devem lavar as roupas e panelas, fazer o café vespertino e cozinhar algo (carne ou peixe; quando não há, arroz) para o marido quando voltar da caça. Ela também deve cuidar de sempre ter milho em casa, e de torrá-lo e pisá--lo para a refeição noturna. E deve ter sempre estoque de lenha: "mulher casada não pode faltar lenha, o marido acha que ela nem faz comida, acha que ganhou da mãe", contou-me uma recém-casada. Todavia, a confecção da *tupã'i* ainda é a atividade mais associada às mulheres.

"Trabalho da mulher é a saia", explicou um homem quando falava de um casal cujo marido faz quase todas as tarefas domésticas (exceto lavar a louça). As outras tarefas podem ser – embora nem sempre sejam – divididas pelo casal; já as saias-tipoias nunca são tecidas por homens.

Entretanto, se evidenciei aqui as relações dentro de uma unidade conjugal, bem como a sua importância, não quero passar a ideia de que o casal é isolado. A começar porque cada araweté está envolto em sua rede de parentesco: cada casal, portanto, manterá relações com a rede tanto da esposa quanto do marido. De fato, os Araweté dizem que pais e filhos se "ajudam" em variadas ocasiões. Na construção de uma nova casa, por exemplo, é comum que o pai ajude o filho (ou genro em condição uxorilocal) na armação da estrutura da casa de taipa, após o que se juntam as mulheres para a colocação do barro (a palha do teto é colocada pelo casal dono da morada). O mesmo é feito pelo filho (ou genro) na ocasião da construção pelo pai (ou sogro). Os pais e mães também podem ajudar filhos e filhas com dinheiro: de tempos em tempos, direcionam a eles uma parte de sua aposentadoria para que comprem seu rancho na cidade – é esperado que o casal mais velho contemple todos igualmente, não favorecendo aqueles filhos e filhas que residam junto a seu núcleo residencial. Isso nem sempre acontece. Aos que moram em outras aldeias, porém, os pais destinam alimentos (batata-doce, cará, banana) em certas ocasiões, como na reclusão pós-parto; às vezes dão também embalagens de arroz, óleo, açúcar e café quando recebem visitas.

Filhos e filhas que moram perto podem pedir socorro aos pais (e a outros parentes) quando lhes falta algum desses itens, recebendo imediatamente a ajuda – também os pais são acudidos quando lhes falta algo. Todos podem ajudar-se na produção de farinha (*otĩ koro*): a mãe, suas filhas e noras corresidentes se ajudam a descascar a mandioca; o pai, os filhos e os genros se ajudam ao ralar os tubérculos na máquina; e todos (homens e mulheres de um mesmo núcleo residencial) podem colaborar na torração. O produto será da mulher que encabeçou a fabricação da farinha (a dona dos tubérculos), mas todas as que auxiliaram recebem uma porção (correspondente a si e seu marido) como "pagamento". Já os filhos ou filhas e seus cônjuges, quando moram em outras aldeias, podem eventualmente também ser chamados pelos pais para fabricar farinha na aldeia destes, usando a mandioca local como matéria bruta. Nesse caso, articula-se a mesma cooperação que acabei de descrever para os corresidentes.

Além dos vínculos de parentesco, há vários outros no cotidiano. Os Araweté não se consideram todos "parentes" entre si, e vários vínculos cultivados se dão entre pessoas consideradas "não parentes", quer dizer, com quem não se retraçam vínculos genealógicos e para quem não há termos apropriados de endereçamento. Estes podem ser vizinhos, pessoas estimadas em determinado momento, "amigos", "amantes" (como os *apihi-pihã*[20]). É o convívio com essa rede – dos não parentes tanto quanto dos parentes – que informa o ritmo e o teor das atividades cotidianas. Isto é, ao informar-se sobre os planos alheios e inteirar-se de certas atividades que possivelmente se passarão durante o dia, o casal fará seus planos.

[20] Ver o capítulo "A amizade", pp. 105-8.

Há uma ocasião propícia para tal: os cafés matinais. Durante as rondas para experimentar os cafés de quase todos os pátios da aldeia, cada casal irá sondar as propostas, apurar os rumores, perceber a disposição daqueles que formam sua rede mais próxima de convívio. É aí, junto aos humores coletivos, que decidirá o que os espera ao longo do dia. Uma mulher pode, por exemplo, comentar que sua lenha acabou ou talvez mencionar que fulana anunciou haver muita lenha disponível em sua roça. Após mais cafés, conversas e passeios por outros pátios, algumas mulheres poderão decidir juntar-se à excursão, seguindo aquela que lançou a ideia (*tenotã*), para refazer, cada uma, seu estoque do material. Um rumor sobre uma possível caçada também pode surgir: durante o café, um homem pode anunciar que sairá em busca de queixadas. Um ou outro poderá dizer, já no momento, que o acompanhará; outros irão apenas manter-se calados, comentando em seguida em outros pátios sobre a possível atividade. Algumas horas depois, um bando de homens – talvez até mesmo todos os caçadores da aldeia – se dirigirá aos barcos a caminho das trilhas.

As decisões coletivas – geralmente demandadas por não indígenas – também se fazem mais ou menos sob a mesma configuração. Para qualquer deliberação que envolve um grupo de pessoas, o tempo é também fundamental – não apenas o tempo para o fechamento de um parecer conjunto, mas também, e sobretudo, o tempo necessário para reunir as pessoas em um mesmo espaço. De fato, as decisões, nessas circunstâncias, refletem as quase intermináveis conversas que se deram antes da reunião. O cacique, contrariamente ao que poderiam desejar alguns não indígenas que trabalham com os Araweté[21], não tem poder de decisão: argutos na escuta, os caciques em geral coletam conversas e opiniões em seu pátio, que frequentemente reúne muitas visitas, ou em pátios alheios. E o que ele coletará são humores e predisposições de seus coabitantes. Mas cada posicionamento é estritamente individual[22]: ninguém toma decisões por outrem. Nas reuniões com não indígenas, há pontos abordados pelos Araweté que já foram levantados durante as rondas de cafés feitas previamente – a demora dos índios em se reunir geralmente angustia os brancos, ansiosos por uma decisão conjunta.

A aldeia e suas relações
Tal qual acontece com as zonas de uma aldeia, é possível entrever certos modos pelos quais as diferentes aldeias se relacionam. Trata-se, é verdade, de um dispositivo ainda mais complexo que o intra-aldeão e demandaria um trabalho particular – embasado por muito mais pesquisa de campo – para uma justa descrição. Todavia, já é possível delinear certos pontos sobre sua configuração atual.

Em primeiro lugar, nota-se que as atuais aldeias araweté não se relacionam umas com as outras da mesma maneira. Os habitantes de uma localidade podem visitar mais frequentemente uma ou outra aldeia – geralmente, aquelas onde possuem relações próximas de parentesco. Inversamente, pode acontecer de certas pessoas jamais se dirigirem a determinada localidade, e justamente pelo motivo contrário: por não considerarem haver ali relações que justifiquem a visita. Dada a divisão relativamente recente das aldeias, de fato, não é raro encontrar

---

21 Como exemplo, ver neste volume o trecho da entrevista de Eduardo Viveiros de Castro e a equipe do Cedi com Antônio Lisboa Dutra, pp. 213-6.

22 Ou, antes, o comum é que cada núcleo conjugal condivida sua posição – até porque, nessas reuniões, são os homens que falam e expressam os incômodos e apreciações que já foram levantados em outro momento, inclusive por sua esposa.

pessoas que jamais pisaram em outras aldeias que não a sua própria. Não considero, contudo, que essa seja uma configuração fixa. De fato, com o tempo, um novo arranjo de vínculos matrimoniais, novas relações de *amizade-formal* ou apenas uma nova composição de afetos podem alterar a frequência e a relação entre diferentes localidades.

Em todo caso, seja nas aldeias onde há pessoas próximas, seja onde não há, as visitas sempre exigem alguma discrição, ao menos no começo. Quase sempre, ao chegar-se a uma aldeia alheia, anda-se lentamente, com a cabeça baixa ou sem olhar para os lados; as mulheres mais velhas frequentemente permanecem com o *zapite'ã* (tubos-lenços de cabeça, uma peça da vestimenta tradicional) cobrindo-lhes parte do rosto e dos olhos. Já me explicaram que, nessas outras localidades, aqueles que se visitam são irmãos e irmãs, mas percebo que é comum dirigir-se primeiro à casa dos pais (ou sogros), se ali residirem – mesmo se eles compartilharem pátios com seus filhos corresidentes. São os parentes próximos (reais ou classificatórios) aqueles que se visitam, pelo menos inicialmente, e o normal é, ao adentrar a aldeia, caminhar diretamente para suas casas. Após o período de conversas e cafés entre esses parentes (às vezes também alguma refeição), os vistantes podem seguir uma ronda mais extensa e "passear" (*-puhu*) por outras moradias da localidade.

Quando não há parentes próximos em uma dada aldeia, não parece haver motivo para uma viagem; nesses casos, as visitas costumam ser bastante apreensivas. Um episódio ilustra bem isso: uma velha, certa vez, foi com seu marido visitar uma aldeia onde não possui parentes diretamente relacionados. Ao retornar, foi questionada por seus filhos: "por que você foi? De quem bebeu café?", e outros comentaram: "Ela nem tem com quem beber café lá!"[23].

É verdade que as festas de cauim, os frequentes torneios de futebol e as eventuais reuniões com brancos são também ocasião de visitas entre famílias, ou mesmo de aldeias inteiras, sem vínculos próximos de parentesco entre si. A cauinagem segue uma lógica própria que não poderei explorar aqui. Mas, nas outras ocasiões, o normal é ou dirigir-se diretamente ao local do encontro (por exemplo, o campo de futebol) ou ir lentamente – "lateralmente", como afirmou Zea sobre os Wai Wai[24] – a um pátio onde uma ou mais famílias estiverem reunidas, aguardando em pé, com calma, a certa distância do núcleo de pessoas. Aos poucos aproximam-se delas, eventualmente sentando-se no chão com os outros. Muitos esperam para beber do café só depois de serem convidados, embora os velhos não precisem ser tão acanhados: além de já não terem tanta vergonha (*čiye*), sua rede de parentesco é extensa, dando-lhes liberdades que adultos e jovens não possuem.

Outro ponto importante no que diz respeito à multiplicidade das aldeias reside nos cálculos matrimoniais. Uma dimensão espacial – que certamente existia também, ainda que de forma mais sutil, quando os Araweté viviam em somente uma aldeia (de 1978 até 2005) – foi acrescida com a gradual divisão da população e tornou o fato mais evidente. Essa divisão acrescenta pontos interessantes para entendermos as noções araweté de proximidade ou distância de parentesco, principalmente no que diz respeito ao cálculo dos possíveis cônjuges de um solteiro.

---

[23] Agradeço a Guilherme Orlandini Heurich pela informação.

[24] Evelyn Schuer Zea. "Por caminhos laterais: modos de relação entre os Waiwai no Norte Amazônico". *Antropologia em Primeira Mão*. Florianópolis: 2010, v. 119.

Pelo que pude perceber, quando os jovens começam a buscar parceiros para flertes e namoros, o mais comum é que o façam em sua própria aldeia. Talvez pela proximidade, certos interesses vão se criando à medida que as crianças crescem, de forma que as primeiras explorações e tentativas de união geralmente se dão com pessoas que moram no entorno. Eventualmente, porém, é possível que busquem parceiros em outras aldeias – e, nesse caso, o mais comum é que isso ocorra nas localidades em que há mais conexões de parentesco.

Não se considera, *a princípio*, a criação de vínculos de aliança entre famílias que morem em diferentes aldeias e que sejam genealogicamente distantes. Como notei, essas são famílias que em geral não se visitam; mesmo quando passeiam pela aldeia umas das outras, não chegam a ir a seus pátios – "não bebem seu café". Mas quando não há (mais) afins disponíveis no rol mais próximo, é possível considerar-se a possibilidade de alianças em lugares mais distantes. É verdade que aqueles encontros interaldeões de que falei – torneios de futebol, reuniões – também são ótimas ocasiões para o flerte entre solteiros que não costumam se encontrar. Todavia, a possibilidade de efetivação desses flertes é considerada com receio. Em primeiro lugar, porque as ocasiões para tratar do assunto com os futuros sogros são reduzidas – diferentemente do que acontece com parentes próximos de aldeias diferentes, que sempre se visitam. Por isso, os trâmites para tais uniões em geral são mais complicados. Nas situações desse tipo que pude acompanhar, a tentativa de travar uma aliança acaba tendo outros parentes como mediadores (normalmente irmãos e/ou os pais classificatórios que moram nas aldeias dos possíveis cônjuges), e o sistema radiofônico é um importante recurso tecnológico para o diálogo. Talvez o motivo mais relevante para essa dificuldade seja certa distância social e cosmológica própria entre pessoas afastadas geográfica e genealogicamente, expressa numa espécie de "ausência de relação".

As visitas a outras aldeias têm, atualmente, outro sentido interessante: servem como descanso do cotidiano daquela onde se vive. Por exemplo, é comum que uma família decida tirar "férias", isto é, passar alguns dias ou semanas na casa de pais ou irmãos do cônjuge que morem em outra aldeia. Com mochilas carregadas de roupas, redes, mosquiteiros, os radinhos e pen-drives com as músicas dos pajés, instrumentos para caça e pesca, linhas para tecer novas saias, o casal e seus filhos solteiros se dirigem então a uma casa reservada a eles pelo período. Ali encontrarão um intervalo para o enfado cotidiano e uma folga da relação com seus corresidentes.

De fato, pode-se dizer que, para os Araweté, viver junto, morar em uma mesma aldeia, envolve um tipo de convívio tão aproximado e insistente que são necessárias certas formas de "fuga". Viveiros de Castro nota[25] que temporadas passadas na roça e na floresta eram vistas como muito agradáveis, após os meses de convivência na aldeia que pareciam deixar os Araweté "inquietos e entediados". Essas temporadas faziam parte do calendário regular, mas hoje a permanência prolongada no mato diminuiu ou deixou de ser praticada. As outras aldeias parecem então possibilitar em parte, e de um modo diferente, um pouco daquele descanso sazonal.

---

[25] Ver, neste volume, o capítulo "Os trabalhos e os dias", pp. 59-64.

Além das aldeias, é comum também que realizem passeios de barco até pedrais ou praias da região. Não é à toa que o domingo tenha entrado tão bem na distribuição do tempo desses índios – mesmo que o calendário brasileiro, seja o semanal, seja o anual, mal tenha sido assimilado pela grande maioria. Os domingos são os dias de passeio, de visita a familiares de outras localidades, de saídas para pescar, comer e descansar em algum ponto do rio afastado da aldeia. E, ainda que um casal não deixe a aldeia (normalmente por falta de combustível para o trajeto), o esvaziamento da aldeia já possibilita parcialmente a folga que as viagens ocasionam.

Mas a mais importante "fuga" do convívio intra-aldeão é a possibilidade virtual, com a qual sempre se flerta, de abrir uma nova aldeia: não é incomum ouvir de jovens lideranças discursos ou apenas desabafos sobre seu desejo de mudar-se, junto a seus familiares próximos e outras pessoas (aqueles que costumam frequentar a "zona" de que fazem parte, isto é, seus "relacionadores", seu "pessoal"), para uma nova localidade.

Todavia, abrir uma nova aldeia é um feito bastante complicado. Envolve negociação com os brancos para conseguir gerador de energia elétrica e combustível; o furo de um poço de água potável, caixa d'água e motor; aparelho radiofônico; a fundação de uma nova farmácia (com técnico de enfermagem, equipamento, remédios e suplementos) e de uma escola (com professor, equipamento e material). Envolve também a construção de novas moradias para cada uma das famílias, fossas e os edifícios da escola e da farmácia. Implicará também disputas acirradas com os antigos corresidentes em relação a certos recursos. Ou seja, não é algo que pode ser feito de um dia para o outro. Além disso, pode gerar um tanto de medo-vergonha (*ciye*) – recato de tomar a iniciativa, mas também insegurança quanto a não ser acompanhado por outros casais.

Apesar de tudo isso, porém, a possibilidade frequentemente ronda conversas na aldeia, e não é incomum que casais respeitados comecem a abrir roças em locais que poderiam abrigar uma nova morada, nem que seja apenas por vislumbrar a possibilidade de fazê-lo. De fato, os Araweté já contavam a Viveiros de Castro sobre suas perambulações anteriores ao contato e sobre o movimento próprio de suas aldeias: mudanças, cisões e aglomerações. O que vimos ao longo deste texto é que tal movimento não cessou.

Referências bibliográficas

BELAUNDE, Luisa Elvira. *Viviendo bien: género y fertilidad entre los Airo-Pai de la Amazonía Peruana*. Lima: CAAP; Banco Central de Reserva del Perú; Fondo Editorial, 2001.

CAUX, Camila de. *O riso indiscreto: couvade e abertura corporal entre os Araweté*. Tese (doutorado em antropologia social) – PPGAS do Museu Nacional (UFRJ). Rio de Janeiro: 2015.

FARIA, Renata B. M. de. *Povos indígenas na Amazônia e o mercado de produtos florestais não madeireiros: efeitos no uso de recursos naturais pelos Araweté*. Dissertação (mestrado em ciência ambiental) – Ciência Ambiental, USP. São Paulo: 2007.

FRANÇA, Luciana. *Caminhos cruzados: parentesco, diferença e movimento entre os Kagwahiva*. Tese (doutorado em antropologia social) – PPGAS do Museu Nacional (UFRJ). Rio de Janeiro: 2012.

HEURICH, Guilherme O. *Palavras quebradas, mundos citados e mortos esquecidos na arte verbal araweté*. Tese (doutorado em antropologia social) – PPGAS do Museu Nacional (UFRJ). Rio de Janeiro: 2015.

MURPHY, Yolanda; MURPHY, Robert. *Women of the Forest*. Nova York; Londres: Columbia University Press, 1985.

PISSOLATO, Elizabeth de P. *A duração da pessoa: mobilidade, parentesco e xamanismo mbyá (guarani)*. São Paulo; Rio de Janeiro: ISA; Editora Unesp; Núcleo de Transformações Indígenas (NuTI), 2007.

RICARDO, Beto; RICARDO, Fanny (org.). *Povos Indígenas no Brasil 2006/2010*. Instituto Socioambiental (ISA), 2011.

RIBEIRO, Berta G. "Araweté: a índia vestida". *Revista de Antropologia*. São Paulo: 1983, v. 26, n. 1.

VANZOLINI, Marina. *A flecha do ciúme: o parentesco e seu avesso segundo os Aweti*. Tese (doutorado em antropologia social) – PPGAS do Museu Nacional (UFRJ). Rio de Janeiro: 2010.

ZEA, Evelyn Schuer. "Por caminhos laterais: modos de relação entre os Waiwai no Norte Amazônico". *Antropologia em Primeira Mão*. Florianópolis: 2010, v. 119.

Cantos e mercadorias
Guilherme Orlandini Heurich

A jovem Matadzɨ apareceu em minha porta e disse que ia ligar o rádio para ouvir uma música. Concordei com um leve balançar de cabeça, coloquei meu copo de café na mesa e levantei para pegar o rádio de cima da estante. Era cedo, pouco depois das 8h, o horário preferido pelos araweté para "passear" (-*pohopoho*) pela aldeia e tomar café com seus parentes. O hábito de tomar café é relativamente recente – não existia nos anos 1980 – e hoje é uma atividade constante e importante entre os Araweté. Sabendo disso, eu sempre preparava uma garrafa grande de café à espera deles e só passeava depois de receber alguma visita. Matadzɨ pegou uma caneca e se serviu antes de se sentar, com o rádio no colo, em um banco. Ela foi passando as músicas até chegar à que queria ouvir. Enquanto isso, um casal araweté chegou, sentou-se para tomar café e já se preparava para sair quando foi convencido por Matadzɨ a ficar e ouvir o canto que ela colocava para tocar.

Não tardou cinco minutos até que outra pessoa chegasse. Tawixere-hi chegou dizendo que eu nunca tinha preparado café para ela – não era exatamente verdade – e que queria saber se meu café era bom. Ela riu quando respondi que hoje havia feito o café especialmente para ela, sentou-se com seu neto no colo e logo foi servida por sua neta Matadzɨ. Éramos seis pessoas, ao todo, tomando café e escutando aquele canto, mas o grupo só se completou quando um jovem xamã chegou com seu filho no colo e também foi convencido por Matadzɨ a escutar uma parte específica da música. Esperamos por mais de uma hora até aquele trecho chegar. Era um trecho de apenas uma frase, na qual uma falecida araweté reclamava de seu marido, ainda vivo, e dizia a outra pessoa: "Você o viu sussurrando para aquela mulher?". Quando o trecho chegou, todos deram uma gargalhada, tomaram um último gole de café e foram embora.

"Festa" é a tradução dos Araweté para um evento, chamado *peyo*, em que determinado alimento – caça, mel, milho ou peixe – é preparado em cada casa e depois agrupado em algum pátio da aldeia, onde se realizará a festa. Trata-se de uma cerimônia que envolve muitos elementos, com o objetivo principal de trazer os *Mai̵* para participar da festa – consumindo um alimento – e acolher os mortos para cantar. Sua origem é a vontade dos deuses de consumir um alimento, comunicada diretamente por eles a um dos xamãs da aldeia. A preparação para a festa passa pela disponibilidade material dos ingredientes necessários (sazonalidade, habilidade dos caçadores etc.), por seu preparo, com a retirada pelo pajé das flechas do alimento, e pelo preparo do pátio. O cerne do evento reside no canto e na descida dos *Mai̵* ao pátio para comer. Depois, eles retornam a sua morada, e o pajé volta para casa.

A escolha de quem será o pajé a cantar durante a festa acontece na aldeia e não é uma prerrogativa dos deuses. Poucos dias antes da cerimônia, começam a circular boatos sobre quem entoará o *peyo* que se aproxima e, aos poucos, pelas bocas e pelos ouvidos, algum nome começa a se firmar. O próprio pajé raramente assume para si a responsabilidade e deixa que seus companheiros de aldeia o façam. Algumas vezes, o "cacique" (*bide ñã*) decide sozinho quem cantará e, normalmente, essa escolha é aceita pelas outras pessoas.

O ator principal da festa é o xamã. Duas mudanças recentes no ritual estão ligadas a suas atividades. O xamã traz os mortos para cantar na festa, mas também entrega mercadorias – produtos não indígenas colocados ao lado do xamã enquanto ele canta – para que os mortos levem consigo. Além disso, o canto dos xamãs é agora frequentemente gravado pelos Araweté em rádios com entrada para pen-drive, e essas gravações podem ser ouvidas posteriormente. Falarei aqui, então, sobre essas duas mudanças: primeiro, os cantos – os principais gêneros musicais e suas características – e sua reprodução digital; depois, as mercadorias que são dadas aos mortos nas festas.

Cantos

Há dois gêneros musicais principais na arte verbal araweté, que Eduardo Viveiros de Castro denominou de "música dos inimigos" (*Awĩ marakã*) e "música dos deuses" (*Mai marakã*) nos capítulos anteriores deste livro. Entre os *Awĩ marakã* há cantos relativos aos inimigos e aos animais, mas também alguns cantos muito antigos desprovidos de significado. Esse gênero musical é cantado por um grupo de homens que formam um bloco, em cujas extremidades se posicionam as mulheres ou as *amigas--formais* desses homens. O bloco se posiciona em frente a uma das casas da aldeia, à noite, e faz um movimento circular anti-horário, enquanto os homens entoam cantos que duram entre quinze e trinta minutos, fazendo uma pausa de cerca de vinte minutos entre cada uma das execuções. A execução dos cantos pode ocorrer após a morte de um animal (uma onça ou um macaco-guariba) ou após a morte de um inimigo – o que não ocorre desde 1983.

No caso da morte de um inimigo, o matador canta os cantos ensinados por sua vítima e é acompanhado pelos outros homens que compõem o bloco de dançarinos-cantores. Os cantos de inimigo são sempre executados durante uma cauinagem, mas não é necessário ter ocorrido a morte de um adversário para que a festa seja realizada; isso depende apenas da vontade de uma família araweté em ser anfitriã da cerimônia[1]. Quando decide realizá-la, procura-se alguém para que seja o responsável pelos cantos da festa, que podem ser de um inimigo que morreu há muito tempo. O que define esses cantos em relação a outros é o fato de serem não apenas cantados como também dançados, e eles podem ser chamados, por isso, de cantos "que dançam" (*oporahẽ me'e*). A característica principal desses cantos é que suas palavras são quebradas, isto é, não são separadas do jeito que os Araweté costumam falar sua própria língua. O ritmo dado pelo bloco de cantores faz com que elas se

[1] Dentre as festas realizadas pelos Araweté, somente na cauinagem uma família específica é designada como anfitriã.

quebrem em sílabas combinadas com sílabas de outras palavras, formando assim palavras novas e ininteligíveis. De certa forma, as "palavras quebradas" são uma forma de tornar o discurso ritual algo opaco e possivelmente incompreensível para quem o escuta.

No segundo gênero, o dos *Ma̱i marakã*, os cantos têm sua origem nos mortos araweté. São entoados por um xamã durante a madrugada ou no início da manhã e consomem entre uma e três horas. Diferentemente dos cantos do primeiro gênero, estes não são dançados e podem ser chamados, em contraposição, de cantos "que cantam" (*oñĩñã me'e*). Um canto "que canta" começa com o xamã em sua rede, semiacordado, entoando apenas um conjunto de palavras ou expressões que se repetirão ao longo de todo o canto; cada estrofe vem, assim, acompanhada desse conjunto de palavras/expressões que podemos chamar de refrão. A linguagem usada apresenta palavras desconhecidas de alguns araweté, que apenas os *Ma̱i* e o xamã conseguem entender. Mesmo assim, o canto como um todo é compreensível para a grande maioria.

Como dizia, o xamã inicia cantando apenas o refrão e, depois de alguns minutos, introduz a estrofe que acompanha o refrão. Esse início é feito *a cappella*, sem o acompanhamento do maracá, o que também acontece ao final do canto – depois de algumas horas, quando o xamã e sua mulher retornam para casa, ele deita em sua rede, entrega a ela seu maracá e canta mais uma ou duas estrofes antes de dormir.

No trecho a seguir, destaquei em itálico o refrão. Cada linha termina com *dzidziti pipe*, e a estrofe é fechada com *kadziti pipe*. Quando falo aqui de refrão, não se trata de um estribilho recorrente a cada certo número de estrofes. Trata-se de palavras repetidas ao final de cada linha e/ou estrofe que formam uma espécie de "moldura" para as linhas.

He jepe ahe moneme rewe a'ɨ	*dzidziti pipe*
Ma̱i aireire ropɨ oja	*dzidziti pipe*
Kadziti pipe	
Nhete monemeaho ojomopoĩpoĩ ojo	*dzidziti pipe*
Kadziti pipe	
Nhete monemeaho odzɨmonõ'õnõ'õ ojo	*dzidziti pipe*
He rehe katu pa pe noɨ pue	*dzidziti pipe*
Nupe monomeaho odzɨmonõ'õ de'ã noɨ	*dzidziti pipe*
Kadziti pipe[2]	

O xamã "carrega", ou "porta" (*-ereka*), os mortos que ele faz descer para cantar, assim como uma mãe carrega um filho numa tipoia, mas essa relação é descrita pelos mortos como uma relação recíproca; ou seja, um xamã carrega um morto, mas o morto também carrega o xamã. A moldura dos refrões indica quem é o morto a cantar determinado trecho; a mudança do refrão – de *dzidziti pipe* para *ixika rere*, por exemplo – mostra que, naquele momento, outro morto assumiu a toada. A partir dali, a voz que o xamã emula pertence a esse outro; o índice mais claro dessa mudança é a própria alteração do refrão.

---

[2] Uma tradução possível dessa estrofe do canto – excluído o refrão, que não possui tradução – é: *Eu depois me vou com a cotinga / Caminho da casa dos deuses // Grandes cotingas voam // Grandes cotingas juntas / É para mim que vocês dizem isso? / Essas grandes cotingas juntas.*

A atividade principal do xamã araweté é cantar (-*ñĩñã*), mas ele não pode escolher quando cantar. Não se trata de um desejo dele. Um canto ocorre somente por motivação externa, isto é, pelo desejo dos *Maï* em descer até as aldeias e cantar. Não são as palavras do pajé e não falam das viagens que ele faz à morada dos *Maï*, pois os cantos são a palavra dos mortos e falam das relações que os mortos estabelecem com os *Maï*, com outros mortos e com os vivos. Aquilo que é visto pelo xamã, então, não se transforma em canto e, sobretudo, não cabe a ele decidir quando cantar. Os xamãs araweté costumam dizer que os cantos entoados por eles não são deles, isto é, eles não são seus donos, por isso não podem cantá-los quando querem. Sobre esse ponto, alguns interlocutores de Eduardo Viveiros de Castro explicaram que as palavras cantadas pelo xamã não são dele e que, por isso, "o xamã é um rádio" – interpretação importante, à qual regressarei mais à frente.

Mercadorias

A esposa de um xamã abre a porta de sua casa em uma manhã da estação seca. Pintada de urucum, com penas de gavião-real espalhadas em sua cabeça e carregando seu filho menor em uma tipoia de algodão, ela passa por essa porta e para logo em frente de sua casa. Atrás dela, não muito distante, seu marido passa pela mesma porta, mas ele está com os olhos fechados, segura um chocalho em sua mão direita e um charuto de tabaco na esquerda. Seguindo os passos de sua esposa, o xamã sai de sua casa cantando as palavras dos *Maï* e dos araweté falecidos. Ele está enfeitado e segue os passos dela em direção a um pátio da aldeia. Postados diante da porta, alguns meninos araweté assistem à cena inicial dessa "festa" (*peyo*) e registram em seus rádios-gravadores o canto que sai da boca do xamã.

Os rituais araweté se transformaram após o contato com os não indígenas e, principalmente, com suas mercadorias. Essa recente transformação não tem grande impacto, pois a essência das cerimônias continua a mesma: trazer os *Maï* para consumir o "espírito/duplo" (*a'owe*) das comidas rituais e trazer os mortos para cantar. Hoje esses rituais agregaram também o café, o açúcar, a espingarda e a munição, em suma, "coisas inimigas" (*awĩ me'e pe*) que são colocadas ao lado do xamã para que ele possa enviá-las aos mortos que vieram cantar. Nos cantos, os mortos dizem que foram os *Maï* que consumiram – comeram, usaram – suas mercadorias. Meus interlocutores araweté entendiam essa mudança como algo de pouca importância, pois eles simplesmente estavam fazendo o que os mortos pediam para eles. Mas decerto a presença de elementos alheios à cultura araweté chama a atenção de quem olha o ritual de fora.

O xamã faz os deuses e os mortos descerem para cantar e também partilhar com os vivos o que está sendo oferecido na festa. Cauim, jabuti e mel, entre outros, são preparados previamente e colocados no pátio de uma das casas da aldeia. O xamã passou boa parte da madrugada junto aos deuses e agora, na manhã da festa, vai trazê-los para o pátio. Muitas vezes, os mortos que cantam pedem que facões, fardos de açúcar e café etc. sejam empilhados ao lado do xamã, pois assim poderão levar consigo esses objetos. Como dito, os Araweté traduzem *peyo* por festa, mas

também usam a palavra para definir a ação do pajé sobre os alimentos colocados no pátio. Nesse sentido, *peyo* é tanto um evento quanto uma ação particular, ou seja, é uma "pajelança" e um "pajelar".

As panelas de comida e as mercadorias não são colocadas no mesmo local do pátio, porque as panelas foram preparadas por todas as casas da aldeia, enquanto as mercadorias são trazidas pelos parentes mais próximos do morto que canta na ocasião. O gesto que o xamã faz sobre as mercadorias, no entanto, é exatamente igual ao que faz sobre as panelas: num primeiro momento, "faz descer" (-*eroeji*) o morto através de um movimento que começa no alto e desce até as coisas empilhadas; depois, se agacha ao lado das mercadorias e canta; por fim, levanta novamente e "faz subir" (-*moiwã*) as coisas (e o falecido) num movimento exatamente inverso ao primeiro, visto que começa perto das coisas e vai em direção ao "alto" (*iwã*). Com exceção de círculos que o xamã faz ao redor das panelas, o conjunto de gestos executados é muito similar.

O movimento que faz os mortos descerem torna as mercadorias visíveis para eles.

Upã te pijixitã oho	Periquitos comem mesmo
te awï me'e pe momã momã hehi	Minhas coisas inimigas
Tadzi'i	Pequena
Upã te pijixitã oho	Periquitos comem mesmo
te awï me'e pe momã momã hehi	Minhas coisas inimigas
Tadzi'i	Pequena
Herodzimonõ'õ Mai ojuruã hero	Eles todos se juntam
awï me'e pe rexã ojo	Veem coisas inimigas
Tadzi'i	Pequena
Upã te pijixitã oho	Periquitos comem mesmo
te awï me'e pe momã momã hehi	Minhas coisas inimigas
Tadzi'i nerereka me	Pequena

As "coisas inimigas" são uma referência aos bens estrangeiros. Na canção transcrita, um morto conta que não chegou a pegar suas coisas porque os periquitos acabaram com tudo antes de ele recebê-las – "periquito" é uma forma indireta de falar dos *Mai*. Trata-se, portanto, de um pedido para que mais mercadorias lhe sejam enviadas. Os deuses consumiram suas coisas e o morto deseja mais.

Outras vezes, contudo, ocorre uma menção direta ao consumo de bens estrangeiros pelos deuses.

Tedze'a rete ku he pue	Choro mesmo ao dizer
Upã te M*a*i he me'e pe momã momã	Acabam os deuses com minhas coisas inimigas,
Marupani-no	Marupani-no[3]
Jutaí axo ojo	No grande jatobá
Marupani-no	Marupani-no
Nã'i axo rehe ojo ye ku M*a*i	Na grande castanheira os deuses
Awĩ me'e pe momã momã	Coisas inimigas acabam acabam
Marupani-no	Marupani-no
Heroejieji xĩ hatsi'i ikuramire M*a*i i'ã	Esguio vem trazendo m*a*ivião[4]
Marupani-no pi'anopi uja	Vem visitar Marupani-no
Adze'ae'a ku he awĩ me'e pe nehe	Chorei com minhas coisas inimigas
Upã te M*a*i he awĩ me'e pe momã momã	Acabam acabando os deuses minhas coisas inimigas
Jutaí axo rexe uju Marupani-no	No grande jatobá, Marupani-no

[3] Marupani-no é o irmão do morto que canta esse canto.

[4] "Esguio" é a forma com que o cantor se refere a ele mesmo nesse canto; "M*a*ivião" é a tradução de M*a*i i'ã, que poderia ser traduzido como "avião dos M*a*i" ou "canoa dos M*a*i".

Nesse outro canto, o falecido chora porque os M*a*i acabam com todas as suas coisas – com seu "rancho", como me diziam algumas pessoas – e chora "com" elas, isto é, "por causa" delas, por seu fim. Canibalismo mercantil que ocorre junto ao "grande jatobá" e à "grande castanheira", sobre as quais os M*a*i aguardam os mortos recém-chegados. Ali, homens e mulheres falecidos perdem todo o seu "rancho", consumido pelos deuses, e choram ao ver suas coisas acabando.

Os vivos entendem essa menção às mercadorias como um desejo dos mortos por novas coisas, por isso, dizem eles, colocam esses objetos ao lado do xamã. Porém, para quem não é araweté, essa mudança parece muito significativa. Quase automaticamente, surgem perguntas: será que essa mudança vai modificar completamente os Araweté? Será que a introdução de mercadorias não vai acabar com práticas tradicionais de troca e com a organização de rituais? São questões válidas, mas que partilham de uma concepção purista, em que os ameríndios seriam povos intocados que foram corrompidos pela civilização. Restariam, diante desse cenário, duas opções: manter suas tradições ou perdê-las completamente. Mas será que as sociedades indígenas mudam sempre na mesma direção? Será que as transformações por que passam caminham necessariamente para a nossa sociedade? Em outras palavras, será que seu único destino é "virar branco"?

As mercadorias colocadas no pátio ritual conectam os mortos e os vivos pela mediação do xamã, mas também podemos pensar que, indiretamente, conectam os Araweté com os não indígenas que as produziram. Para melhor compreender essa nova prática, será preciso percorrer uma trajetória que passa pelos ribeirinhos que moram perto das aldeias araweté.

Ribeirinhos

Um dia qualquer nas aldeias araweté, no início dos anos 2010, pode passar sem nenhum acontecimento importante além do dia a dia de conversas, refeições, caçadas ou banhos de rio. No entanto, esse cotidiano pode ser frequentemente perturbado pela chegada de algum ribeirinho, viajante ou, em tempos de Belo Monte, por executores dos mais variados projetos que visam compensar os Araweté pelos danos causados pela construção da usina. É importante ressaltar que a relação estabelecida com esses estrangeiros não é sempre igual, o que se expressa, por exemplo, na forma como falam sobre os não indígenas. O termo usado para designar os brancos nos anos 1980 era *kamarã*, uma forma registrada também em outros grupos tupi-guarani desde o início da invasão europeia. Atualmente, a forma preferencial é *awĩ*, que nos anos 1980 era exclusivamente associada aos inimigos tradicionais, tais como os Asurini, Parakanã e Xikrin. Aos poucos, a palavra *awĩ* passou a indicar quase exclusivamente os não indígenas, mas a conotação de inimigo não desapareceu. Os ribeirinhos que habitam a região também são chamados de *awĩ*, mas há outra forma de falar deles: *ikuanẽhã*, literalmente, "os que moram na beira d'água".

Os Araweté pescam no Xingu e nos afluentes da margem direita que se situam dentro da Terra Indígena, onde eventualmente se encontram com pescadores que moram na reserva extrativista. De maneira geral, as relações não são conflituosas, mas há exceções e momentos de tensão. A relação com os *beiradeiros* – termo regional para se referir aos não indígenas que moram no "beiradão", isto é, na beira do Xingu – faz parte dessa mudança recente na vida dos Araweté. Diferente do que ocorreu nos vinte ou trinta anos anteriores ao contato, os Araweté hoje também moram na beira do Ipixuna e do Xingu e, assim, partilham com esses ribeirinhos uma série de atividades. A abertura de novas aldeias (conforme descreve o capítulo de Camila de Caux), a mudança nos hábitos alimentares e a construção de canoas – um direcionamento, enfim, a uma vida mais ligada ao rio – são fatos relativamente recentes entre os Araweté. A importância da pesca, a habilidade de construir canoas e o consumo de farinha de mandioca saltam aos olhos quando comparamos as atividades preferenciais dos velhos e dos jovens. Enquanto os primeiros saem a pé, de dia e pela floresta para encontrar uma lagoa para pescar jeju (*Erythrinus erythrinus*), os jovens saem de barco, à noite e pelo rio para encontrar um pedral para pescar curimatá (*Prochilodus lineatus*). O plantio de milho continua forte, com a abertura de grandes roças anuais e a subsequente produção de fubá ao longo de todo o ano, mas o desejo por farinha de mandioca é frequentemente expresso pelos mais jovens em detrimento do fubá de milho.

A relação com os beiradeiros não é recente e não deriva, sob forma alguma, da relação com Belo Monte. Ainda que muitos pescadores tenham tentado estreitar laços com os Araweté para pescar na margem direita do Xingu, algo percebido pelos índios, as relações de algumas lideranças com os beiradeiros da região são bastante antigas. Para mencionar apenas um exemplo, um dos pescadores conhece os Araweté desde o contato, porque foi na roça de seu pai e no acampamento de caça de seu irmão que eles se aproximaram pela "primeira vez", colocaram suas flechas no chão e ganharam alguns presentes[5].

O contato dos Araweté ocorreu no "tempo do gato"[6], atividade de caça de felinos para venda de suas peles na qual muitas pessoas da região se envolveram. Junto com o "tempo do garimpo" e com o "tempo da Resex", formam uma série de períodos que organizam as lembranças dos beiradeiros. Atualmente, a Reserva Extrativista do Rio Xingu (Resex-Xingu) – área de proteção ambiental de uso sustentável gerida pelo ICMBio – ocupa quase cem quilômetros da margem esquerda do rio Xingu. Todo o traçado oeste da Terra Indígena (TI) Araweté, que tem o rio como limite oficial, é acompanhado pela Resex, a qual começa "antes" (a jusante) e termina "depois" (a montante) dos limites setentrionais e meridionais do traçado ocidental da TI Araweté. Antigamente, a maioria dos beiradeiros morava na margem direita do Xingu, onde hoje é terra indígena; eles foram convidados a passar para o outro lado do rio durante a demarcação. Esse convite, como se imagina, nem sempre foi amistoso, e a mudança tampouco o foi. O traslado para a margem esquerda é lembrado até hoje por muitos beiradeiros como uma experiência negativa e, eventualmente, surge como argumento que fornece combustível para certas bravatas em momentos de tensão com os indígenas da região (não somente com os Araweté). Por bastante tempo, dizem os beiradeiros, enquanto os Araweté permaneceram no alto Ipixuna, o contato entre eles e os índios foi ostensivamente proibido pela Funai, que desencorajava a presença dos beiradeiros na aldeia, bem como a ida dos índios a suas casas. As relações começaram a ser retomadas quando os próprios Araweté iniciaram viagens independentes a Altamira, pois pernoitavam (e ainda o fazem até hoje) na casa de beiradeiros que vivem em ilhas e nas margens do rio que separam a terra indígena e a cidade.

Desde o contato, os Araweté começaram a se aproximar cada vez mais de uma vida ribeirinha, que se movimenta pelo rio. Antes do contato, a vida estava centrada no interflúvio, ainda que sempre houvesse um curso de água próximo às aldeias. Recentemente, eles intensificaram sua relação com o rio, principalmente com o Xingu, pelo qual se movimentam em suas canoas, barcos e voadeiras. A construção de canoas monóxilas – de um tronco único, cavado – é uma técnica que dominam há pouco tempo. A habilidade foi adquirida em meados dos anos 1990, quando a Funai levou o mestre canoeiro asurini Takamuĩ para ensinar aos povos Araweté, Parakanã, Xikrin e Arara como construir canoas. Ainda hoje, Takamuĩ gosta de dizer que ensinou a todos os índios da região a fazer canoa, mas somente os Araweté aprenderam direito como fazê-las. Isso ocorreu há cerca de 25 anos, quando poucos araweté sabiam manobrar

---

[5] Ver, nos capítulos anteriores, a descrição do contato.

[6] A "caça ao gato" terminou oficialmente em 1967, mas a atividade persistiu ainda por um tempo. Agradeço a Camila de Caux por essa informação.

[7] Essa mudança não esteve, é claro, restrita aos Araweté e afetou de maneiras distintas todos os povos indígenas do Médio Xingu. Sobre o Plano Emergencial, quando os impactos materiais começaram a ganhar monta, ver o livro *Dossiê Belo Monte: Não há condições para a licença de operação*. São Paulo: Instituto Socioambiental, 2015. Em dezembro de 2015, o Ministério Público Federal de Altamira entrou com uma ação civil pública contra a Usina Hidrelétrica de Energia (UHE) Belo Monte, pedindo a imediata suspensão da licença de operação e a elaboração de um grupo de acompanhamento e monitoramento do cumprimento daquilo que havia sido prometido, e não cumprido, no Plano Emergencial.

[8] Como aponta Caux (ver capítulo anterior), a mudança da estrutura técnica e arquitetônica das casas araweté pode ter consequências para a movimentação de pessoas, parentes e relações pelo espaço de uma aldeia.

uma canoa ou nadar. Hoje, homens e mulheres maiores de 50 anos geralmente não sabem nadar, não constroem ou pilotam canoas e pouco se aventuram pelo rio, mas os jovens passam o dia perto ou dentro do rio. Todos os dias, os menores, de 9 a 14 anos, vão pescar sozinhos ou em duplas. Muitos já sabem pilotar e podem ocasionalmente sair com motores de popa nas canoas. Os adultos casados, entre 15 e 50 anos, sabem pilotar e nadar, mas é no limite dessa faixa que encontramos um personagem central nesses movimentos recentes da história araweté. Kãñĩnadɨ-no é chamado pelos não indígenas de Kamaratim, seu nome de criança, e é conhecido sobretudo pelas canoas que constrói. Até 2009, ele dividia com Mãmãñãño-ro (ou Tatoawĩ) o trabalho de relação com os brancos na aldeia do Ipixuna, onde viviam todos juntos.

Desde meados de 1990, a adoção da técnica de construção de canoas permitiu aos Araweté explorar novos territórios de caça e pesca, assim como abrir roçados em áreas próximas ao curso do rio, mas distantes da aldeia. Ainda que pescassem antes, hoje se nota o crescimento da pesca como atividade central para a aldeia, sem prejuízo à importância da caça.

Claramente, não podemos dizer que construir canoas é uma atividade "dos brancos", pois é uma tecnologia desenvolvida pelos indígenas – ainda que muitos não indígenas a tenham aprendido, na Amazônia e também em outros lugares. A construção de canoas é, portanto, causa e consequência desse interesse maior dos Araweté por uma relação com os ribeirinhos e com a cidade de Altamira. Durante muito tempo, a movimentação deles por meio de canoas estava restrita a algumas saídas para pesca e caça nos arredores da aldeia velha no Ipixuna, pois os deslocamentos eram feitos exclusivamente por meio do barco que atendia o Posto da Funai na aldeia. No final dos anos 1990, receberam duas embarcações de alumínio com pequenos motores de popa, uma delas dada pelo chefe de posto da aldeia e outra pelo médico italiano Aldo Lo Curto, que costuma visitar os Araweté anualmente. Com a chegada da Norte Energia para a construção da hidrelétrica de Belo Monte, as coisas mudaram um pouco de figura, pois a empresa passou a aliciar as lideranças da região com presentes para que a construção da barragem fosse aceita.

Inicialmente, uma das mercadorias que chegavam até as aldeias eram os motores, que estimulavam a fabricação de canoas. Assim, com a chegada da barragem – ou melhor, com a chegada dos motores (e depois das voadeiras) e do rancho que efluiu para as aldeias do Médio Xingu como suborno para a aceitação da barragem –, as viagens a Altamira se tornaram mais frequentes e mais distribuídas. A mudança, em termos náuticos, foi brutal. Se antes (2004) havia dois cascos de metal, um motor de 5HP a diesel e um motor de 8HP a gasolina para *todos* os 450 araweté, cheguei a contar 16 cascos, 25 motores de 13HP, dois motores de 40HP e um motor de 90HP em somente uma aldeia de 70 pessoas[7]. Por um lado, essa mudança atuou como propulsor importante de desejos araweté que vinham sendo gestados há algum tempo, tais como a abertura de novas aldeias. Por outro, o constante ir e vir da cidade – assim como eventos posteriores, tais como a construção de casas de madeira em substituição às casas de barro[8] – facilitou sobremaneira o acesso a bens e mercadorias.

Pen-drives

Havia apenas dois ou três rádios com pen-drive quando cheguei ao Paratatsɨ – a aldeia em que me baseei durante o trabalho de campo – pela primeira vez, em 2011, e os aparelhos tocavam exclusivamente *brega, melody* e outras músicas românticas. Algumas semanas depois, quando eu me banhava no rio, um jovem araweté chamado Majoro teve a ideia de transferir para um pen-drive algumas gravações de cantos xamânicos que eu havia feito. Copiei os arquivos de áudio para o pen-drive, colocamos no rádio e escutamos algumas vezes. Nos dias que se seguiram, Majoro escutou diversas vezes aquelas músicas, atraindo muita atenção de outras pessoas da aldeia. Deixei a aldeia cerca de um mês depois, por motivos de saúde, e quando retornei, quatro meses depois, o aparato de som havia se multiplicado: mais de 20 rádios e 30 pen-drives em apenas uma aldeia, todos eles tocando o "pajé no pen-drive".

Depois desse acontecimento, pedi a Eduardo Viveiros de Castro que me passasse algumas gravações de cantos araweté que ele havia feito nos anos 1980. Os cantos foram digitalizados e colocados em pen-drives, que foram dados de presente aos Araweté. Além dos cantos, havia também gravações de algumas conversas entre Viveiros de Castro e seus interlocutores. Uma delas era com o finado Meñãno – o araweté mais velho na época do contato –, que explicava como o mundo se tornou o que é hoje, como o deus *Aranamĩ* abandonou os Araweté e foi embora para criar a camada superior do cosmos, onde os *Mai̯* hoje habitam. Havia também uma conversa com Marupãnino, um senhor que mora até hoje na aldeia Paratatsɨ, mas "essa conversa não era para ser gravada em um pen-drive", me diziam alguns araweté. Fiz como eles me pediram, mas não pude deixar de pensar sobre o motivo da proibição. Seria porque Marupãnino estava dizendo algo que não podia ser dito? A resposta que me deram era que eu não deveria "colocá-lo no pen-drive" porque ele ainda não havia morrido.

Há aqui uma triangulação entre corpo, rádio e voz: uma pessoa não deve ter sua voz reproduzida enquanto estiver viva. Isso significa que a voz de uma pessoa morta é uma voz sem corpo, e um rádio é como um corpo que carrega a voz dos mortos. Ao mesmo tempo, a voz de uma pessoa viva só pode ser pronunciada por ela mesma. Mencionei antes que alguns araweté disseram a Viveiros de Castro que xamãs são "como um rádio" e, nesse contexto de rádios com pen-drive, meus interlocutores araweté parecem sugerir que rádio é como um xamã, pois apenas os mortos podem ser reproduzidos pelos xamãs e também por esses aparelhos. Um rádio é um corpo com uma voz que não é sua; nesse sentido, é similar ao que faz o xamã, mas um rádio não consegue reproduzir inteiramente o que faz um xamã, pois ele nunca poderá cantar uma música pela primeira vez. Uma vez entoados, esses cantos jamais serão reproduzidos novamente por nenhum pajé – nem pelo que cantou pela primeira vez nem por nenhum outro ,– o que torna cada canção uma execução literalmente única e, além disso, faz que o ato de cantar seja sempre inovador.

A reprodução mecânica via rádio, contudo, não é a única forma de fazer uma música soar. Entre os Araweté, mulheres entoam cantos de xamã enquanto tecem suas saias, grupos de meninas cantam e balançam seu corpo para a frente e para trás, e homens adultos cantam músicas de inimigo para fazerem seus filhos dormir. Em certo sentido, essas reproduções são ecos da única vez que um xamã cantou essas músicas, mas isso não significa dizer que o eco é menos importante que a execução inicial.

A criação de um eco é um aspecto importante da ação das mulheres durante a performance do xamã: quando retorna a sua casa depois de cantar, ele deita em sua rede e sua esposa toma o maracá de sua mão. Em seguida, o xamã canta ainda duas ou três estrofes e sua esposa repete esses versos, mas sem a linha melódica da canção. Essa repetição tem uma função bastante específica: "acalmar" (-*moyitã*) os mortos e fazê-los retornar para junto dos M*ai*. Os Araweté dizem que os mortos têm dificuldade de nos esquecer, que pedem ao xamã que os traga para cantar e visitar os parentes que ficaram. Vemos aí o papel que têm os ecos de um canto, a necessidade de "acalmar" os mortos para que eles voltem para o mundo dos deuses, onde esquecerão dos vivos, pois "transformar--se em divindade é esquecer"[9]. Essa relação entre vivos e mortos é fundamental na compreensão do uso de uma nova tecnologia como o pen-drive entre os Araweté.

Muitos autores já escreveram sobre essa relação entre vivos e mortos em diversos povos ameríndios. Argumenta-se que há um antagonismo fundamental entre os mortos e os vivos: os mortos são inimigos dos vivos, e não há qualquer possibilidade de um culto aos ancestrais. Os vivos esforçam-se em não pronunciar o nome do falecido, em desvencilhar-se de todos os traços do morto que o conectam aos vivos e em desfazer as relações de parentesco entre um morto e os vivos. Ou seja, todos os traços específicos que conectam uma pessoa (morta) em particular com seus parentes vivos precisam ser removidos, apagados, esquecidos.

Parece-me que os Araweté tomam essa ênfase ameríndia na relação entre vivos e mortos como um problema a ser enfrentado e, ao colocar a música vocal como arena filosófica desse problema, tornam indissociáveis a música e a morte. A partir daí, cantar e morrer (mas também matar) passam a ser os dois lados da mesma moeda, estão na mesma vizinhança conceitual. Mas os Araweté também colocam uma ênfase especial na função do esquecimento, visto que "é difícil esquecer os mortos – pois só os mortos esquecem"[10]. Isso significa, portanto, que não apenas os vivos precisam apagar a memória que têm dos parentes mortos, como os mortos também precisam esquecer-se dos vivos.

Outro aspecto do xamanismo araweté, que também está diretamente relacionado ao esquecimento, é que um pajé só "consegue" trazer para cantar um falecido que ele conheceu em vida. Ou seja, aquela pessoa deixará de ser ouvida pelos vivos quando os pajés que a conheceram em vida estiverem mortos. A existência dos mortos por meio da música é, assim, diretamente proporcional à memória coletiva

[9] Eduardo Viveiros de Castro. *Araweté: os deuses canibais*. São Paulo: Zahar/Anpocs, 1986, p. 524.

[10] Viveiros de Castro, *op. cit.*, p. 494.

dos xamãs vivos. Mas a reprodução mecânica desses cantos coloca novas e interessantes questões: se um rádio, e o pen-drive, pode carregar a voz de mortos antigos, o que acontece quando os vivos escutam as palavras de pessoas que os xamãs não podem mais "fazer cantar"? O que acontece quando os mortos podem cantar para sempre?

Infelizmente, ainda não tenho uma resposta para essas questões, mas talvez possa especular sobre algumas possibilidades. Como mencionei, meus interlocutores araweté gostam de escutar as gravações antigas de seus cantos, mas gostam mesmo é de escutar aqueles cantos que acabaram de ser cantados – eles gostam dos sucessos da última semana. É possível que esse desejo pelo novo faça a vontade de escutar pessoas falecidas há mais tempo ser superada pelo interesse por cantos dos mortos recentes. A sede de novidade pode estar relacionada, ainda, ao mecanismo ou ao processo de esquecimento que permeia a relação entre vivos e mortos. As músicas antigas, assim, são desejadas enquanto são novas, quando acabaram de chegar na aldeia, mas depois acabam perdendo a prioridade em detrimento de novas músicas.

Indigenização

A antropologia pensa as mudanças que ocorrem nas sociedades ameríndias através dos termos e conceitos nativos, pois entende que nossa visão externa não é suficiente para entender essas transformações. É claro que sempre falamos de nosso ponto de vista e segundo nossos conceitos; entretanto, é possível tentar entender a visão dos indígenas e permitir que suas ideias afetem a nossa maneira de ver o mundo e, principalmente, modifiquem como percebemos as mudanças nas suas próprias vidas. Trata-se de uma posição teórica que evita projetar sobre essa relação uma visão vinculada ao desenvolvimento inexorável dos povos indígenas à modernidade ocidental; posição que rendeu avanços conceituais, como a ideia de que talvez tenham sido os brancos – e não os índios – que foram pacificados durante o contato. A presença e o uso de bens estrangeiros, por exemplo, também foram pensados pela antropologia como formas nativas de conceituar esse encontro com os não indígenas. Pensar o lugar das mercadorias estrangeiras entre os Araweté como uma parte importante das festas é, talvez, pensar esse lugar prefigurado aos brancos e seus objetos num pensamento em desequilíbrio perpétuo.

Viabilizar mercadorias aos mortos através do xamã é uma mudança relativamente recente no xamanismo araweté. Isso não ocorria nos anos 1980, disse-me Viveiros de Castro. E, segundo os Araweté, isso também não ocorria antes do contato. Diversas vezes fiz e refiz perguntas sobre ações similares no passado, às quais respondiam que antigamente nada era enviado aos mortos, nem mesmo saias, arcos, flechas ou qualquer outro item de sua cultura material. Certamente, minhas perguntas provinham da tentativa de encontrar algo feito por eles que pudesse servir de chave interpretativa para aquilo que observava. Talvez buscasse em vão uma linha de continuidade diante de suas afirmações de mudança, como quem procura um remo diante de um motor de popa.

Os Araweté não são pessimistas ou catastrofistas; ao contrário, o entusiasmo deles com as mercadorias e com os brancos é muito presente nas aldeias, especialmente nesses tempos de aumento do influxo de bens. Um tempo em que as mudanças têm sido tão grandes que, por vezes, tinha a impressão de estar diante de um novo contato, como se fosse possível encontrar os brancos pela primeira vez uma segunda vez. Sabemos que o contato, porém, não é um encontro "pela primeira vez", e que muitos povos – os Araweté certamente – aproximaram-se dos brancos por vontade e decisão própria depois de saber de sua existência e evitar a aproximação. Que o contato raramente seja uma primeira visão dos brancos não diminui o impacto do evento, que muitas vezes é desastroso. Além disso, considerando que raramente ocorra um contato primordial, existe a possibilidade de que o contato retorne continuamente, quer dizer, que a própria relação entre índios e brancos seja um contato eterno e interminável. Em outras palavras, como o contato é, muitas vezes, uma situação produzida pelos próprios indígenas diante de seres – os brancos – que não necessariamente são uma novidade, talvez seja possível produzir esse encontro outras vezes.

A festa ocorre porque os *Maï* pedem aos xamãs que digam aos outros araweté que está na hora de fazer uma festa de determinado alimento. Mas, e as mercadorias? É como se a produção de uma festa fosse uma reprodução do contato com os brancos, com um pequeno detalhe: os mortos solicitam as mercadorias por meio dos cantos, levando-as consigo para o mundo dos *Maï*, onde elas serão consumidas. Através dos xamãs araweté e dos mortos recentes do grupo, os deuses obtêm as mercadorias produzidas pelos brancos. A entrega das mercadorias, no entanto, não é voluntária. Os *Maï* forçam-nos a entregá-las e as consomem "junto à grande castanheira", referência que aparece em muitos cantos. Trata-se de um banco entalhado no tronco de uma castanheira que foi derrubada pelos deuses há muito tempo, onde eles sentam para esperar os mortos que chegam ao seu mundo. Cercados pelos *Maï*, os mortos entregam o que têm.

Eduardo Viveiros de Castro conta que os homens falecidos levavam penas de tucano para entregar aos *Maï*, o que lhes comprava um pouco mais de tempo antes da devoração, enquanto mulheres falecidas não tinham nada para dar, e isso lhes causava um pescoço quebrado e a devoração em pouco tempo. A devoração continua atualmente; a antropofagia divina segue. Acontece que agora os deuses também devoram – consomem, exaurem, usam – as mercadorias que eles fazem os mortos entregar, depois de buscar com os vivos. Os bens não são exatamente um presente dos mortos aos deuses, embora tampouco sejam um simples roubo: os mortos compartilham suas mercadorias porque são impelidos a fazê-lo. É uma entrega voluntária, mas forçada. No fim das contas, quem acaba tendo as mercadorias para si são os *Maï*. O contato produzido aqui não é o dos Araweté com os brancos, e sim o contato dos *Maï* com os brancos, indiretamente. É como se as mercadorias possibilitassem um encontro dos brancos com os deuses araweté.

Isso nos leva de volta à questão da motivação dos cantos. Vimos que um xamã não canta quando ele quer, pois são os mortos e os *Maï* que o fazem cantar. Da mesma forma, são os mortos e os *Maï* que solicitam as mercadorias que os vivos mandam para eles durante a execução dos cantos. As mudanças e transformações recentes que ocorreram na execução de cantos entre os Araweté não são sugeridas por eles próprios, pois são outros – mortos e deuses – que as sugerem. O sentido da transformação, então, não deriva dos brancos. Alguém poderia dizer que isso não é totalmente verdade, pois, se as mercadorias não estivessem ali, os mortos nunca poderiam tê-las solicitado, e, nesse sentido, é a introdução de bens estrangeiros que produz a transformação. Sim, mas havia a possibilidade de os mortos dizerem que não querem as mercadorias, que elas precisariam ser excluídas do ritual, e isso pouco mudaria a forma como os xamãs araweté cantam. Desse modo, os bens estrangeiros estavam ali apenas como uma sugestão, mas a motivação de incorporá-los ou não ao ritual coube aos Araweté, ou melhor, aos falecidos araweté.

Mencionei também que um pen-drive faz pessoas mortas há muito tempo, que os xamãs não trazem mais para cantar, terem a oportunidade de ser escutadas novamente pelos vivos. Essa ação inusitada de um objeto pode ser complementada por uma pequena história. Alguns dias antes da cauinagem ocorrida em 2013, eu conversava com Aritã'i-no e Pïdĩ-no quando surgiram dúvidas sobre quem seria o "soprador" da festa que se aproximava. O soprador (*memo'o hã*) é o responsável por escolher o repertório de cantos que será executado durante a festa e, tradicionalmente, é alguém que já matou ou que recebeu esse conjunto de cantos de um matador[11]. É uma posição que se torna cada vez mais rara, pois há mais de trinta anos não ocorrem guerras entre os Araweté e outros grupos. O soprador ocupa o miolo do bloco de homens que cantam os *Awĩ marakã*, a música dos inimigos, e à sua frente se posiciona o "cantor" (*maraka'ĩ*). Ao redor deles ficam os outros homens e mulheres que compõem o bloco de cantores da festa. Voltando à história, já se sabia que Moiwerã seria o cantor, mas ainda não tinham certeza sobre quem sopraria as músicas. Aritã'i-no e Pïdĩ-no discutiam a respeito de quem poderia ser o escolhido. De repente, Aritã'i-no vira para mim e diz:

— *Diréme, ero jepe ne pen-drive.* [Guilherme, traga depois seu pen-drive.]
— *Me'e mo?* [Para quê?]
— *Memo'o hã mo.* [Para ser soprador.]

Achei que fosse brincadeira, mas logo percebi que não. Perguntaram se eu tinha algum canto de cauinagem gravado em pen-drive e, diante de minha afirmativa, confirmaram ser aquela uma saída, já que existem hoje poucos matadores vivos e, além disso, poucos não matadores que sabem soprar as músicas de cauim. Apesar de não ter matado ninguém, apesar de não ser um matador, um pen-drive poderia passar pelo teste. Novamente, ele agiu como um fixador da memória coletiva, como um instrumento que torna permanente a existência de alguns cantos. Porém,

[11] Os cantos de cauim podem ser soprados por não matadores que receberam esses cantos de algum matador. Diz-se que o matador "presenteou" (-me'e) aquele que recebeu os cantos.

diferente da situação do "pajé no pen-drive", os cantos de inimigo têm pouca produção contemporânea – não há mais guerra –, e esse objeto poderia fazer o papel de um velho matador ou de um velho conhecedor de cantos de inimigo. Isso quer dizer que a função do produto tecnológico pode permanecer a mesma – guardar e reproduzir cantos –, mas os efeitos criados por seu uso podem ser muito diferentes.

A presença de bens estrangeiros, portanto, precisa ser compreendida dentro dos conceitos e mecanismos indígenas de lidar com essas novas tecnologias e mercadorias. Além disso, as consequências desse uso não são previsíveis de antemão e dependem, sim, do contexto e da maneira como são incorporadas. Dar mercadorias para os deuses consumirem, gravar pajés num pen-drive e utilizá-lo como soprador da cerimônia, afinal, não são ideias que surgem espontaneamente.

Apêndices

População

1. Dados censitários disponíveis

Censos:
Dia 27 jul. 1976: 27 pessoas chegam ao posto da Funai no Ipixuna (inf. Lisboa, 1992).
Diário João Evangelista de Carvalho (JEC), 4 set. 1976: 44 pessoas na aldeia próxima ao posto.
Censo JEC de mar. 1977 (Müller *et al.*, 1979, p. 24): 120 pessoas.
Censo JEC de "meados de 1977" (Arnaud, 1978, pp. 10-1): 119 pessoas (59 homens e 60 mulheres).
Censo JEC de 11 maio 1977: 129 pessoas (61 homens e 58 mulheres).
Censo JEC de 17 jun. 1977: 120 pessoas (62 homens e 58 mulheres).
Censo JEC de 11 out. 1977: 117 pessoas.
Censo Funai de 14 mar. 1978: 121 pessoas.
Censo Funai de jul. 1978 (Müller, *op. cit.*, p. 25): 122 pessoas.
Censo Müller de meados de 1979 (*op. cit.*, p. 28): 133 pessoas (71 homens e 162 mulheres).
Censo Funai de 2 jan. 1980: 136 pessoas (66 homens e 70 mulheres).
Censo Funai de 25 abr. 1980: 138 pessoas (66 homens e 72 mulheres).
Censo EVC de jun. 1981: 130 pessoas (62 homens e 68 mulheres).
Censo EVC de abr. de 1982: 136 pessoas (63 homens e 73 mulheres).
Censo EVC de fev. 1983: 136 pessoas (64 homens e 72 mulheres).
Censo Funai de 19 dez. 1983: 139 pessoas.
Censo Funai de dez. 1985: 153 pessoas.
Censo Funai de 3 nov. 1986: 160 pessoas.
Censo Funai de 16 jun. 1987: 162 pessoas (85 homens e 77 mulheres).
Censo EVC de fev. 1988: 168 pessoas.
Censo Funai de 15 dez. 1989: 181 pessoas (91 homens e 90 mulheres).
Censo EVC de 4 abr. 1992: 195 pessoas (92 homens e 103 mulheres).
Censo Lo Curto-Funai de set. 1992: 205 pessoas (95 homens e 110 mulheres).
Censo Funasa de nov. 2000: 278 pessoas.
Censo Funai de 12 maio 2003: 293 pessoas.
Censo DSEI-Altamira de mar. 2014: 448 pessoas. A população estava distribuída em seis aldeias: 50 pessoas no Aradïti; 51 no Ta'akati; 67 no Ipixuna; 72 no Paratatsï; 87 no Pakãñã; 121 no Juruãti.

Os censos Funai até 1992 foram obtidos nos registros do PI Ipixuna; os censos JEC (exceto quando citados por terceiros) foram obtidos da mesma fonte, ou de seu diário manuscrito.

Composição da população em 9 de setembro de 1992

Faixas etárias	Homens	Mulheres	Totais	%
00-05	17	35	52	25,37
06-10	18	12	30	14,63
11-15	6	13	19	9,27
16-20	11	11	22	10,73
21-25	4	7	11	5,37
26-30	7	7	14	6,83
31-35	4	5	9	4,39
36-40	6	5	11	5,37
41-45	7	7	14	6,83
46-50	5	4	9	4,39
51-55	7	1	8	3,90
56-60	1	1	2	0,98
61-65	2	1	3	1,46
Mais de 65	0	1	1	0,49
Totais	95	110	205	100,00

40% da população tem menos de 10 anos.
60% da população tem menos de 20 anos.

Composição da população em março de 2014

Faixas etárias	Homens	Mulheres	Totais	%
00-05	57	49	106	22,36
06-10	40	45	85	17,94
11-15	33	20	53	11,18
16-20	24	23	47	9,92
21-25	16	30	46	9,70
26-30	20	14	34	7,17
31-35	6	13	19	4,01
36-40	5	7	12	2,54
41-45	11	7	18	3,80
46-50	5	10	15	3,16
51-55	5	6	11	2,32
56-60	0	0	0	0,00
61-65	3	1	4	0,84
Mais de 65	15	9	24	5,06
Totais	240	234	474	100,00

Comparação entre dados dos censos 1992 e 2014

Faixas etárias	Totais (1992)	% (1992)	Totais (2014)	% (2014)
00-05	52	25,37	106	22,36
06-10	30	14,63	85	17,94
11-15	19	9,27	53	11,18
16-20	22	10,73	47	9,92
21-25	11	5,37	46	9,70
26-30	14	6,83	34	7,17
31-35	9	4,39	19	4,01
36-40	11	5,37	12	2,54
41-45	14	6,83	18	3,80
46-50	9	4,39	15	3,16
51-55	8	3,90	11	2,32
56-60	2	0,98	0	0,00
61-65	3	1,46	4	0,84
Mais de 65	1	0,49	24	5,06
Totais	205	100,00	474	100,00

Composição da população por aldeias em março de 2014

Ta'akati

Faixas etárias	Homens	Mulheres	Totais	%
00-05	6	3	9	17,64
06-10	5	5	10	19,60
11-15	6	1	7	13,72
16-20	2	5	7	13,72
21-25	2	1	3	5,88
26-30	3	3	6	11,76
31-35	2	2	4	7,84
36-40	1	1	2	3,92
41-45	0	0	0	0,00
46-50	0	1	1	1,96
51-55	0	0	0	0,00
56-60	0	0	0	0,00
61-65	0	0	0	0,00
Mais de 65	1	1	2	3,92
Totais	28	23	51	100,00

Araditi

Faixas etárias	Homens	Mulheres	Totais	%
00-05	2	6	8	16
06-10	5	5	10	20
11-15	3	2	5	10
16-20	4	3	7	14
21-25	2	3	5	10
26-30	1	1	2	4
31-35	0	2	2	4
36-40	1	0	1	2
41-45	1	1	2	4
46-50	1	1	2	4
51-55	0	2	2	4
56-60	0	0	0	0
61-65	0	0	0	0
Mais de 65	3	1	4	8
Totais	23	27	50	100

Paratati

Faixas etárias	Homens	Mulheres	Totais	%
00-05	12	5	17	21,79
06-10	4	7	11	14,10
11-15	6	4	10	12,82
16-20	2	5	7	8,97
21-25	4	5	9	11,53
26-30	3	1	4	5,12
31-35	0	1	1	1,28
36-40	0	1	1	1,28
41-45	1	2	3	3,84
46-50	2	2	4	5,12
51-55	2	1	3	3,84
56-60	0	0	0	0,00
61-65	0	0	0	0,00
Mais de 65	5	3	8	10,25
Totais	41	37	78	100,00

Juruãti

Faixas etárias	Homens	Mulheres	Totais	%
00-05	16	11	27	19,28
06-10	12	18	30	21,42
11-15	9	8	17	12,14
16-20	9	6	15	10,71
21-25	2	11	13	9,28
26-30	5	2	7	5,00
31-35	2	4	6	4,28
36-40	1	2	3	2,14
41-45	7	3	10	7,14
46-50	1	4	5	3,57
51-55	2	0	2	1,42
56-60	0	0	0	0,00
61-65	0	0	0	0,00
Mais de 65	3	2	5	3,57
Totais	69	71	140	100,00

Ipixuna

Faixas etárias	Homens	Mulheres	Totais	%
00-05	10	11	21	30,88
06-10	7	6	13	19,11
11-15	3	2	5	7,35
16-20	1	2	3	4,42
21-25	3	4	7	10,29
26-30	5	5	10	14,71
31-35	1	0	1	1,47
36-40	0	2	2	2,94
41-45	0	0	0	0,00
46-50	0	1	1	1,47
51-55	1	1	2	2,94
56-60	0	0	0	0,00
61-65	2	1	3	4,42
Mais de 65	0	0	0	0,00
Totais	33	35	68	100,00

Pakãñã

Faixas etárias	Homens	Mulheres	Totais	%
00-05	11	13	24	27,58
06-10	7	4	11	12,64
11-15	6	3	9	10,34
16-20	6	2	8	9,19
21-25	3	6	9	10,34
26-30	3	2	5	5,74
31-35	1	4	5	5,74
36-40	2	1	3	3,44
41-45	2	1	3	3,44
46-50	1	1	2	2,29
51-55	0	2	2	2,29
56-60	0	0	0	0,00
61-65	1	0	1	1,15
Mais de 65	3	2	5	5,74
Totais	46	41	87	100,00

2. Dados de mortalidade e natalidade

NB: Esses dados não permitem o cálculo de taxas de mortalidade, natalidade ou fertilidade, mas apenas médias simples.

Mortalidade e natalidade pós-contato

Anos	Nascimentos	Mortes
1977	4	9
1978	12	2
1979	5	1
1980	6	14
1981	9	1
1982	6	6
1983	4	1
1984	11	5
1985	11	1
1986	7	2
1987	12	8
1988	8	3
1989	13	5
1990	10	6
1991	8	1
1992*	15	2
Total	141	67
Média	8,8125	4,1875

(*) Até 9 set. 1992

Mortalidade infantil pós-contato

Aqui se levam em conta: (a) os óbitos de pessoas nascidas após 1977 e os óbitos de crianças de menos de 5 anos mortas entre 1977 e 1982; (b) exclusivamente os óbitos de pessoas nascidas após 1977; (c) exclusivamente os óbitos de crianças de 0 a 1 ano a partir de 1977 inclusive (i.e., também as de crianças de 0 a 1 ano nascidas antes do contato e mortas em 1977 e 1978).

Anos	Nascimentos	Mortes (a)	Mortes (b)	Mortes (c)
1977	4	6	0	2
1978	12	2	2	2
1979	5	1	0	0
1980	6	12	10	3
1981	9	1	1	1
1982	6	5	5	5
1983	4	1	1	1
1984	11	5	5	4
1985	11	0	0	0
1986	7	2	2	1
1987	12	6	6	6
1988	8	1	1	0
1989	13	4	4	4
1990	10	3	3	3
1991	8	0	0	0
1992*	15	1	1	1
Totais	141	50	41	33
%	(100)	35,46	29,08	23,40

(*) Até 9 set. 1992

Mortalidade pré-contato

De uma amostra de 262 pessoas falecidas antes da fixação no posto indígena em 1977, esta é a distribuição dos óbitos. (NB: Trata-se de pessoas falecidas no período aproximado de 1945-77. As mortes por causas "naturais" – doenças não devidas ao contato, acidentes – estão provavelmente sub-representadas, pois a amostra se concentra no período mais próximo de 1977.)

Categoria mortes	Óbitos	%
Doenças		
Causa ignorada	53	20,23
Epidemia Xingu 1976	73	27,86
Inimigos		
Kayapó	69	26,33
Parakanã	13	4,96
Kamarã	10	3,82
Asurini	2	0,76
Desconhecidos	23	8,78
Espíritos	4	1,53
Acidentes	15	5,73
Total	262	100,00

Os 73 mortos – pelo menos – entre a aparição nas margens do Xingu e a fixação no Alto Ipixuna representam 36,5% da população araweté da época (estimada em 200 pessoas).

Os números referentes à mortalidade devida a inimigos incluem pessoas raptadas e/ou desaparecidas durante ataques; cerca de 45% dos mortos da amostra estão nessa categoria.

Cronologia do contato Araweté

1969	O caçador de peles ("gateiro") José Darwich, o "Zé do Índio", que operava no Jatobá e Ipixuna, estabelece relações amistosas com os Araweté e leva por duas vezes alguns rapazes do grupo até as margens do Xingu. Isso chama a atenção da Funai.
1970	Começam os trabalhos da frente de atração da Funai, chefiada pelo sertanista Antônio Cotrim Soares.
Janeiro–fevereiro de 1971	Cotrim encontra um grupo araweté vivendo em uma aldeia com 13 casas; tratava-se provavelmente de uma antiga aldeia dos Asurini tomada pelos Araweté.
Maio de 1971	Os Asurini são "contatados" pelos padres Karl e Anton Lukesch no igarapé Ipiaçava. Cotrim deixa a frente do Ipixuna e vai para lá.
1972	O sertanista Raimundo Alves passa a chefiar a Frente de Atração do Ipixuna.
Agosto de 1973	Primeira expedição de Raimundo Alves.
Novembro de 1973	Alves encontra 11 homens e uma mulher com sua filha na mata; não lhe é facultado o acesso à aldeia.
Novembro–dezembro de 1973	Construção do "Posto Velho" nas margens do Ipixuna, cerca de 100 km distante de sua foz. A aldeia (na verdade, uma das aldeias) araweté estava situada a 8 km do posto. Encontros esporádicos com os índios.
Julho de 1974	Visita de 28 índios ao posto. O acesso à aldeia continua interditado aos funcionários da Funai.
Janeiro de 1976	Ataques dos Parakanã. Os Araweté fogem para as margens do Xingu, seguindo o curso dos igarapés Jatobá e Bom Jardim.
Maio de 1976	Os Araweté são localizados no Furo do Tamanduá, no "beiradão" do Xingu, por funcionários da Funai e do CNEC.
Maio de 1976	O sertanista João E. Carvalho assume a chefia da frente. Encontra no dia 29 de maio cerca de cinquenta índios na localidade São Miguel, na margem direita do Xingu, entre a foz do Jatobá e do Bom Jardim. O grupo estava acampado junto às roças dos srs. Edilson e Antenor, camponeses que residiam numa ilha em frente. Os índios rapidamente

	adoecem, vítimas de gripe e de conjuntivite infecciosa transmitida por um filho pequeno do sr. Edilson, que ia regularmente visitar os Araweté em companhia de J. E. Carvalho.
9 jul. 1976 a 6 dez. 1976	Autorizado ou instruído pelo chefe da Ajudância da Funai em Altamira, Salomão Santos, o sertanista Raimundo Alves e seu auxiliar Francisco de Assis Monteiro convencem os índios a empreender uma caminhada pela mata, da margem do Xingu até o Posto Velho, no Alto Ipixuna. Seguem o curso do igarapé Jatobá, "varando" de seu alto curso até o Ipixuna. Dezenas de índios morrem no caminho por estarem muito fracos, desnutridos e desorientados pela conjuntivite, que os impede de enxergar. Vários são abandonados para morrer; crianças subitamente órfãs são mortas por parentes desesperados. No dia 27 de julho, chegam ao posto com os sertanistas 27 índios. No dia 29 de setembro, 66 índios chegam ao posto. No dia 6 de dezembro de 1976, chegam ao posto dois índios da aldeia do Jatobá (composta de pessoas que voltaram para lá – sítio de um dos subgrupos araweté – por ocasião da caminhada, preferindo não seguir até o posto), informando de um ataque dos Parakanã em que morreram três pessoas. Esse ataque terminou por reunir todos os Araweté em pequenos acampamentos em torno do posto da Funai.
Agosto de 1977	A índia Kanopia-hi é levada para Belém para tratamento de um abcesso: morre no hospital por choque anestésico. Seu marido e filho vão a Belém ver o corpo com J. E. Carvalho.
21 set. 1977	Ataque parakanã ao Posto Velho, sem vítimas.
Novembro de 1977	João Carvalho percorre com alguns índios parte da trilha seguida na caminhada de julho. Encontra 40 corpos ao longo do caminho. Os dados atualmente disponíveis indicam um total de 73 mortos ou desaparecidos entre a chegada ao Xingu e a chegada ao Posto Velho; a maioria (pelo menos 66) morreu na caminhada de julho de 1976.
Novembro de 1977	Mudança dos Araweté do posto para o sítio atual, cerca de 30 km acima da boca do Ipixuna. Erguem-se duas aldeias: a maior, junto ao posto, a outra, cerca de 200 m rio abaixo, na margem oposta.
Outubro de 1979 e janeiro de 1980	Tentativas da Missão Novas Tribos de entrar no Ipixuna, abortadas pela Funai.
Outubro de 1981	A aldeia do outro lado do Ipixuna se junta à aldeia do posto. Pela primeira vez em sua história recente, toda a população araweté está reunida em uma só aldeia.
Março de 1982	Primeira distribuição de espingardas aos Araweté, como parte da tentativa de implantação de uma "cantina reembolsável" pela Funai.
23 fev. 1983	Ataque parakanã: o chefe do posto, Eliezer Gomes da Silva, é flechado.

24 abr. 1983	Novo ataque parakanã; duas moças e um menino são flechados. Os Araweté contra-atacam e matam um homem.
Março de 1984	Os Parakanã são definitivamente "contatados" pela Funai e instalados no PI Apyterewa, no rio Bom Jardim.
1986	Começam as atividades clandestinas de duas grandes madeireiras em terras dos Araweté e Parakanã, só detectadas em março de 1988 (ver adiante).
Outubro–novembro de 1987	Resgate dos araweté que, perdidos há mais de 35 anos do restante do grupo, tinham sido capturados pelos Kayapó-Xikrin do Cateté em setembro de 1987: Iwarawï, um homem de cerca de 60 anos, suas duas filhas, Pïdĩ-hi (cerca de 30 anos) e Mitã-ñã-kãñĩ-hi (cerca de 25 anos), e o filho desta última, Itape-oho-pehã (cerca de 6 anos). O marido e o outro filho de Mitã-ñã-kãñĩ-hi foram mortos pelos Xikrin. O marido de Pïdĩ-hi havia morrido de doença, pouco antes do ataque xikrin.
16 maio 1988	Iwarawï morre afogado na boca do Ipixuna, em acidente com uma canoa pilotada por um funcionário da Funai.
23 maio 1988	Encontro dos Araweté com 16 madeireiros que exploravam clandestinamente mogno na área.
25 jul. 1988	Alguns araweté, caçando, encontram um acampamento e uma pista de pouso de madeireiros. Caracteriza-se a situação cujos primeiros sinais haviam sido descobertos em março de 1988, na área parakanã: as madeireiras Peracchi e Maginco, após terem aberto uma estrada de 240 km partindo da cidade-serraria de Tucumã, ao sul, em direção às cabeceiras do Bacajá, construíram quatro pistas de pouso dentro das áreas Araweté e Parakanã, dali retirando uma grande quantidade de mogno. A Funai, com a ajuda dos índios, apreende a madeira derrubada que ainda não havia sido retirada das áreas – cerca de 7.500 m^3 de mogno (e mais 1.500 m^3 que as madeireiras alegaram terem sido derrubados fora dos limites das áreas indígenas).
11 nov. 1988	Após negociação com as madeireiras, a Funai obtém uma "indenização" equivalente a US$ 147.000 pela madeira apreendida nas duas áreas, que acabou sendo cobrada das empresas infratoras. Na verdade, a Funai vendeu às madeireiras o mogno que elas haviam extraído ilegalmente: como o preço médio de 1 m^3 de mogno em pé no Pará é de US$ 60, a madeira apreendida valia pelo menos US$ 450.000. Pode-se dizer que as empresas fizeram um grande negócio. Do total da "indenização", cerca de US$ 10.000 foram retidos pelas madeireiras a título de pagamento pela "demarcação" (abertura de uma picada ao longo da fronteira leste) da AI Parakanã-Apyterewa – elas se ofereceram para realizar esse serviço, alegando não saber que estavam em terras indígenas. O restante foi igualmente dividido entre os Araweté e os Parakanã e depositado em janeiro de 1989 em duas cadernetas de poupança, geridas pela Administração da Funai em Altamira.

Setembro-dezembro de 1988	Missionários protestantes tentam ingressar no Ipixuna. A Convenção Batista Nacional firma convênio com a presidência da Funai para negociar o envio de dois missionários à área. A Administração Regional de Altamira dá parecer contrário.
21 mar. 1990	O dinheiro dos Araweté é confiscado pelo Plano Collor.
21 maio 1990	Dois casos de tuberculose diagnosticados.
1990–1992	Missionários da Associação Linguística Evangélica Missionária (Alem) tentam entrar na área araweté.
Novembro de 1991– março de 1992	Voltam os sinais de atividade madeireira clandestina nas terras dos Araweté. A madeireira Maginco tenta comprar o assentimento dos Parakanã com barcos cheios de mercadorias. Essa e outras companhias madeireiras (Peracchi, Inpa/Masa) começam a operar na área dos Xikrin do Bacajá com o assentimento do chefe do grupo, em troca de favores e mercadorias. A madeireira Peracchi tenta obter a cumplicidade da Funai na exploração de mogno nas quatro áreas indígenas da região Xingu-Bacajá (Asurini, Araweté, Parakanã e Xikrin). Descoberto um garimpo clandestino nas terras dos Parakanã – o gerente do garimpo ameaça a Funai com uma invasão maciça da área se esta tentar retirá-lo de lá.
Fevereiro de 1992	Dois rapazes araweté visitam São Paulo e Rio de Janeiro com a equipe do Cedi.
Março de 1992	Benigno Pessoa Marques, chefe do Posto do Ipixuna entre 1984 e 1991, assume a Administração da Funai em Altamira.
Outubro–novembro de 1992	Exposição *Araweté: visão de um povo tupi da Amazônia* no Centro Cultural São Paulo.
Novembro de 1992	Novembro de 1992 – O Núcleo de Direitos Indígenas (NDI), com o apoio do Cedi, decide ingressar na Justiça contra a ação das madeireiras nos territórios araweté e parakanã.

Alguns depoimentos sobre o contato

1. Raimundo Alves, chefe da Frente de Atração do Ipixuna.

2 O sertanista João Carvalho, responsável por atrações anteriores de diversos grupos tupi, que esteve uma vez no "beiradão", em maio de 1976, e passou cerca de sete meses no Posto do Ipixuna, após a caminhada de julho de 1976. Carvalho deixou um diário manuscrito de seu período entre os Araweté que é a principal fonte de informação sobre o grupo em 1976-7.

3 Hiwerã, rapaz araweté hoje com cerca de 18 anos, passou a ser conhecido pelo nome desse menino branco que frequentava o acampamento araweté na roça de seu pai, e que transmitiu conjuntivite aos índios.

4 Salomão Santos, chefe da Ajudância da Funai em Altamira e responsável pela Frente de Atração do Ipixuna.

5 Assis se refere ao "gateiro" (caçador de felinos para vender a pele) José Darwich, o "Zé do Índio", que fez os primeiros contatos com os Araweté em 1969 e que, após o contato, foi contratado temporariamente pela Funai como mateiro.

1. Extrato de entrevista concedida pelo trabalhador da Funai Francisco de Assis Ribeiro a Eduardo Viveiros de Castro, no PI Ipixuna, em 20 de março de 1992:

EVC: Então vocês encontraram os Araweté lá no beiradão, na boca do Jatobá?

FAR: No Jatobá, na roça do Edilson. Aí, quando chegou com um mês mais ou menos que nós estávamos lá, aí o pessoal que estava conosco veio embora tudinho. Ficou só eu e seu Raimundinho[1] lá, que era sertanista, e eu como auxiliar dele, só nós dois.

O João Carvalho[2] nessa época também ficou lá no beiradão?

Ficou, mas só que ele passou poucos dias e foi embora, retornou de novo para fora. Aí ficamos lá, sem condições de sair de lá. Aí, nesse entre, tinha essa família que morava lá, o Edilson. Aí, por intermédio de conhecimento lá com os outros aí começaram, pega essa... lá para onde eles estavam, inclusive esse menino que começou essa doença lá, essa conjuntivite, foi um menino chamado Ruela, por isso ficou esse menino aqui por nome de Rueira[3], que sempre ele era ligado com eles. Aí esse menino um dia estava doente e foi para o meio deles, aí ficou. [...] Esse menino morava na ilha em frente, 15 minutos a travessia. O pai dele *[Edilson]* morava na ilha, mas a roça era na terra [firme]. [...] Aí ficamos lá e, quando estivemos lá na base de um mês e pouco, aí o Salomão[4] foi e falou se eu me atrevia a varar do Jatobá para o Ipixuna sem passar no beiradão do rio, aí nós falamos que varava, fazia varação. Agora, antes disso também teve, nós trouxemos dois índios que foram o Iapï'ï-do e o..., nesse tempo ninguém sabia o nome dele, chamava de Arapiraca [Arariñã-no].

Lá no beiradão com os índios estava só você...

Só eu e o Raimundinho. Aí conseguimos fazer a varação. Viajamos o primeiro dia, no segundo dia eles começaram a adoecer. A primeira família que ficou foi a do Arapiraca, ele com a mulher e os filhos, que ele tinha muito menino, o Arapiraca, muito menino, e aí ficou. Aí eu viajei assim um meio dia e voltei lá de onde eles estavam.

Ia você mais o Raimundinho na frente?

Eu na frente e o seu Raimundinho atrás, cortando, cortando, cortando, e eles atrás de nós, todo mundo. Subimos o Jatobá, que mais ou menos a gente sabia essa confrontação aí, porque fica só o Jatobá e entre este aqui *[o Ipixuna]* e entre ele o gateiro[5] varava, dizia para nós que era perto aí. Aí nós subimos o Jatobá, três dias de viagem a pé, aí com três dias nós pegamos um afluente, aí nesse meio começou todo mundo a adoecer, aí todo mundo já começou a ficar para trás, foi ficando para trás, para trás, para trás, aí tinha vez que eu ainda conseguia voltar, chamar o que estava mais melhor e continuava para a frente. Aí quando foi nos dez dias, aí já estava faltando muitos, aí a gente já..., porque nós nunca pudemos conferir esses índios, nunca teve uma realidade da gente dizer assim "tem tantos índios aqui", calculadamente, porque a gente só fazia um cálculo, de a base de uns seiscentos ou mais, só isso que a gente fazia um cálculo, pela quantidade de gente[6].

Aí vocês foram varando. No caminho vocês acampavam?

Acampava. Acampava todo mundo junto, viajava pouco, a gente viajava até 3 horas da tarde, e aí a gente acampava para eles caçar a boia e tal. E todo mundo já ia se baqueando muito, todo mundo já doente, gripado, todo mundo com febre. Mas o que deu mais foi só "dor d'olhos" [conjuntivite] mesmo, a febre não foi tanto, foi só o "dor d'olhos". *[Os índios]* não enxergavam, trancou, trancou tudo. Eu, quando dava de manhã cedo me levantava, aí antes do café a primeira coisa era pegar esses meninos pequenos e levar lá para a beira da grota e passando água, o olho amanhecia trancado, inchado, passando água até quando descolava os olho deles, aí nós viajava.

Nessas alturas já tinha gente que estava ficando para trás, não é?

Nessas alturas já estava ficando muita gente. De cinco dias em diante que nós conseguimos viajar já foi ficando a metade, metade, a gente já tinha mais ou menos a base de conhecer as famílias e tal, aí eles já foram ficando, a metade. Aí os outros, naquela agonia de chegar "Não, vamos embora que eles vêm, eles vêm devagarzinho aí no caminho", nós conseguimos... toda vida, até que chegamos.

Eles ficavam para trás porque não enxergavam?

Eles ficavam para trás porque não enxergavam mais, a "dor d'olhos" trancava a vista deles. Aí quando foi que nós chegamos no Jatobá, aí ficou o resto do grupo maior que vinha com nós. [...] E esse menino aqui, como é o nome desse rapaz aqui, Mo-neme'ï-do, todo dia ele chamava para nós ir atrás dos outros no caminho, aí o encarregado da frente mesmo [que] era o seu Raimundinho, e o Mano Velho[7], diziam que eles vinham: "não, o caminho está pronto, vamos esperar que eles vêm", nesse meio-tempo, nós já estava com um mês e quinze dias que estava com eles lá, esperando esses outros e ninguém chegava, ninguém chegava. Aí foi que esse Caueru [Kawerī, hoje chamado Mo'inowï-do] e Monemeidô foram lá donde nós estava e chegaram lá convidaram, pelejaram para nós ir, aí eu sempre querendo ir, querendo ir mas esperando pela vez dele, porque ele [Raimundo Alves] era o sertanista... aí ele não foi, aí os dois índios foram, os dois índios foram... Aí quando foi com meio dia eles toparam com os outros, os que estavam ainda vivos, chegaram por último, aí eles chegaram lá e contaram a situação, aí os outros formaram aquela pressão e vieram com eles. Mas aí todo mundo chegou magrinho, rapaz...

---

[6] Essa população estimada por Assis parece-me enormemente exagerada, pelos dados de que disponho hoje. A população total dos Araweté à época do contato não devia ser superior a duzentas e poucas pessoas.

[7] Antônio Lisboa Dutra, o "Mano Velho", atendente de enfermagem.

2. Resumo de entrevista feita pela equipe do Cedi em 10 de abril de 1992 com Antônio Lisboa Dutra, atendente de enfermagem da Funai:

Lisboa lê trechos de seus diários para a equipe do Cedi: no dia 27 de julho de 1976, chegaram ao posto do Ipixuna Raimundinho, Assis e 27 índios,

doentes como o diabo, com febre, com conjuntivite. [...] Deixa que essa conjuntivite eu me lembro benzinho. Nós estávamos hospedados na casa do seu Edilson, que era um seringueiro. Então ele tinha dois garotos de aparência boa, bem alvos. A casa do seu Edilson era do outro lado do rio e todo dia de manhãzinha nós ia pra lá onde estavam os índios. Aí, os menino do seu Edilson, tinha um, ele estava jantando e eu disse assim: seus dois garotos são até bem parecidos, tá bom deles estudarem, agora eu dou mais por este porque esse aqui parece que é assim mais... Aí ele disse: assim não! é porque ele está doente dos olhos. Aí eu digo: ah! meu Deus. E o João de Carvalho levava ele para lá todos os dias! Foi só a conta. Mas só empestou. Com 24 horas, pronto! Deu a conjuntivite em tudo. Ficou mesmo com os olhos tudo encarnado, não enxergava nada. Rapaz, esses índios para tomar remédio era a maior luta do mundo, de jeito e qualidade. Era uma luta. Precisava o João de Carvalho dar uma faca, um machado. Aí você dava e botava o colírio. Aí quando era no outro dia pronto, estava com os olhos mais ou menos abertos, bom, quase bom.

Nunca fizeram uma conta de quantos índios eram, segundo Lisboa, porque havia esse grupo próximo da casa do Edilson, mas havia outro, mais adiante, a uma ou duas horas de viagem, dentro da mata "lá em cima. Depois foi preciso juntar, porque sempre era costume deles mesmo, sempre eles não estava tudo junto não. Mesmo na aldeia braba, primitiva deles, eles partia, sempre praqui, pracolá. Acho que é para ficar melhor a alimentação".

A chegada da caminhada; chegaram os da frente. Vieram os demais na trilha. Sobre o grupo que vinha atrás:

aí o escangalho foi feio, aí foi que houve morte. Tudo com os olhos tapados. Não podia fazer nada. Teve muitos, como o Eribupairú [Iriwo-pay-ro] – os outros agora contam tudinho direitinho –, um garoto filho dele, com uns dez anos, deitado aí, pois só fez deixar aí o menino. E desses assim que eles deixou doente aí, só arquejando, foi muito. Tanto criança como adulto.

Quem voltou na mata depois de meses foi João Carvalho, contando as ossadas. "Tinha gente que tinha armado a rede, morreu dentro da rede, estavam só os ossos dentro da rede."

Opinião de Lisboa sobre a "pacificação":

Foi muito malfeita essa pacificação. Pacificação não, porque foram eles que saíram. Foi a convivência lá e o transporte deles. Devia ter sido mais gente. O rancho não tinha. O Raimundinho saiu de lá com rancho, uma besteirinha de nada, uma coisinha. Ele mais o Assis. Até o Raimundinho me disse, não sei com quantos dias disse: "Assis, rapaz, eu não aguento mais. Vamos deixar eles aí por conta de Nossa Senhora e de Deus e eu vou-me embora. Pode deixar. Vamos ver se nós vamos chegar".

Sobre a situação de saúde no contato:

Depois que eles chegaram lá no posto [após a caminhada], o que deu mesmo, infincado, foi a malária. Foi duro! Puta que la pariu. Mas, rapaz, era demais. Tinha dia de eu dar oito soros. Por mês era quarenta, cinquenta índios, que dava febre. Ia sempre dez, quinze caixas de soro. Nos começos a malária era boa. Bastava você dar Hepavitan com Aralem e pronto! Mas depois que acostumou, pronto, não foi mais não, foi duro. Era soro infincado! Também era só: malária e gripe. Mas a gripe fora demais. E esses índios lá pra gripe é um problema, é um problema. Quando dá gripe é perigoso. Porque dá falta de ar em tudo, em criança e tudo. A gripe lá é uma despesa grande. É preciso remédio muito. Rapaz, deu uma gripe lá uma vez, tão grande, seu menino, que foi preciso pedir remédio, acabou o estoque. Aí a Ajudância aqui mandou foi eritromicina, quatro caixas. Todo antibiótico, expectorante, eritromicina, tomaram tanto, tanto, que os adulto diziam: não quero mais não. Ficou enjoado de tomar tanto remédio.

3. Extrato do relatório do sertanista João Evangelista de Carvalho ao presidente da Funai, sem data, referente ao período de 28 de agosto de 1976 a 16 de janeiro de 1977:

À procura de mais índios saímos de nosso acampamento dia 7 de novembro [1976] em companhia do servidor Assis, o mateiro José Darwich e dos índios Meano, velho chefe [Mẽñã-no, falecido em 1991], Apiter [Apite, hoje Kãñĩ-nerã-hi], sua filha de 8 anos, e Toudi [Toiyi], por volta das 18h30 quando estávamos acampados chegaram as índias Kauidimi [Kawiayi-hi], seu filho Edju [Eyi, hoje Yorodĩma-ro], de 5 anos, e Kunibdmi [Kãñĩ-bedĩ-hi, falecida em 1987], que segundo as mesmas iriam conosco até a aldeia para trazer uruku, kuia e algodão. No dia seguinte, prosseguimos viagem e, por volta das 15h30, quando atravessávamos um açaizal, deparamos com rastros de índios, todos ficaram admirados, como ambas eram viúvas[1] falei que eram seus futuros maridos que as procuravam, como o Assis e José iam fazendo caminho na nossa frente e que pretendíamos retornar pelo mesmo caminho, notei que todos os índios haviam ficado para trás, mas logo o Meano me chamou e comunicou que as duas mulheres iriam voltar naquela hora, não concordei devido ao adiantado da hora e expus os perigos, podendo

---

[1] Seus maridos haviam morrido na caminhada de julho daquele ano.

serem atacadas por onças, pois as mesmas não conduziam nenhum ferro, mas sugeri que iríamos procurar água para dormir e no dia seguinte sairiam bem cedo e facilmente alcançariam nosso acampamento, o que foi aceito. Entretanto, notei que estavam preocupados, pois passaram a noite quase que sem dormir, sempre falando nos rastros e de quem seria, eles sabiam que não existia gente de sua tribo por aquelas bandas, por isso suas preocupações, visto que não conduziam suas armas. Pela manhã prosseguimos viagem e as duas índias e o garotinho retornaram com destino às suas aldeias. Como nosso mateiro, o José, que se dizia conhecedor daqueles matos, se desnorteou, passamos seis dias sem saber por onde andávamos, pois nem os índios conheciam; só no final desse dia é que reconheceram um igarapé, onde pernoitamos. Nessas alturas já estávamos sem farinha, pois calculávamos que a viagem fosse feita em cinco dias. No sétimo dia, por volta das 10h30, começamos a encontrar vestígios de índios bem recentes; os índios não identificavam, mas por volta das 10h30, digo 12h, encontramos seis barraquinhos onde os índios teriam permanecido alguns dias, então os índios nossos companheiros [disseram] que só poderia ser o Temekono e Kunimaradno [Temekĩ-no, falecido em 1979, e Kãñĩ-marã-no] e deram outros nomes, só que não quiseram segui-los, alegando o Meano que queria ir buscar sua patrona [patiã, cesto onde os homens araweté guardam plumas e outros objetos preciosos] que havia deixado próximo às margens do Xingu, e para chegarmos ao local gastamos mais dois dias de viagem, onde dormimos duas noites, para que o Meano descansasse um pouco e arrumasse sua patrona, visto que havia dado cupim e avariou quase todos seus enfeites e plumas de pássaros nela existentes; enquanto isso, o José foi à residência de seu pai às margens do Xingu, que fica a apenas três horas de viagem.

Em nosso retorno tomamos o caminho que foi feito para o nosso acampamento na Frente do Ipixuna; logo nas primeiras horas de viagem, os índios iam informando lugares onde haviam falecido índios, mas só por volta das 10h encontramos o primeiro cadáver de uma criança do sexo masculino, e que seu nome era Toroti, e existia apenas o crânio, visto que o restante havia sido devorado por onça, mas aconteceu que depois que atravessamos o igarapé Jatobal [Jatobá] e começamos a subir um seu afluente do qual desconhecemos o nome, sentimos a maior tristeza, pois encontramos mais 16 ossadas, sendo todas de adultos. Como os índios não nos acompanhavam muito satisfeitos, isso porque queriam ir até as margens do Xingu, alegando que estavam cansados e que embarcados seria melhor, digo, mais fácil, com muito diálogo conseguimos que nos acompanhassem fazendo ver que tudo estava seco e era impossível a viagem por canoa, e mesmo naquela localidade não possuíamos embarcação, por esse motivo não queriam prestar muita informação, embora soubessem inclusive os nomes dos falecidos. As primeiras ossadas estavam cobertas de palhas bem amarradas para evitar que os animais mexessem, mas logo depois do segundo acampamento dos índios, os ossos estavam expostos à margem do caminho, outros que morriam debaixo dos tapiris, esses eram derrubados sobre o corpo, o que isentava dos urubus. No dia seguinte encontramos mais 15 ossadas sendo que cinco das quais eram mulheres onde tinham duas redes armadas em dois tapiris e uma em um açaizal, sendo que as ossadas estavam próximas, isto nos faz entender que, devido a seus estados de saúde, foram abandonadas à própria sorte e que posteriormente vieram a falecer. Também encontramos ossadas junto às mesmas, estava seu jamaxim com sementes de cará, mamão e uruku, além do terçado, machado, faca e arco, o que dá entender que iam com a intenção de formar aldeia, por conseguinte abandonando as antigas, que não sabemos o motivo. Notava-se que os dois índios que nos acompanhavam estavam sem querer dar informação de onde se encontravam as ossadas, mas como a Apiter já estava bem--humorada, ia nos mostrando os locais onde encontrava-se uma ossada identificando-a, tanto assim que no terceiro dia de viagem nos mostrou seis ossadas sendo dois homens e duas mulheres e duas crianças femininas, e no último dia já bem próximo de nosso acampamento nos mostrou mais um casal com o filhinho, isso a menos de duas horas de nosso acampamento. Isso prova que, se fôssemos mais distante, teríamos encontrado mais vítimas. Achamos, entretanto, que o número de óbitos infantil deverá ser bem maior que dos adultos, isso porque os índios aqui existentes falam de seus filhos que morreram em viagem e não vimos nem uma ossada ou sepultura. Em tudo, digo, em todo esse mar de tristezas por que passamos, isso porque jamais pensei em encontrar tantos esqueletos humanos, pois temos a impressão de que, se tivesse havido um pouco de interesse pela chefia da frente, digo, um pouco de interesse da parte da chefia da frente, teria sido evitado no mínimo 50% dos óbitos, mas como nem todos procuram cumprir com seu dever em zelar pela causa indígena como a sua própria pelo menos, aconteceram esses desastres, é como podemos classificar.

Fontes de consulta sobre os Araweté

Processos da Funai/Brasília
Proc. Funai/BSB/3832/78
Proc. Funai/BSB/0707/79
Proc. Funai/BSB/5499/79
Proc. Funai/BSB/3951/85
Proc. Funai/BSB/143/91

Relatórios de atividades e outros textos descritivos produzidos por/para a Funai

"Relatório da penetração nas áreas de incursão dos Asurini ao coordenador da Base Kararaô, cel. Pedro da Silva Rondon". Antônio Cotrim Soares, Altamira, 6 dez. 1970. (Descreve o contato com os Araweté.)

"Base Kararaô: relatório geral das frentes de penetração, 1ª fase: setembro/novembro". Cel. Pedro da Silva Rondon, Altamira, 8 dez. 1970.

"Relatório de Antônio Cotrim Soares ao coordenador da Base Kararaô (cel. Pedro da Silva Rondon) sobre as atividades na frente de trabalho no decorrer da 2ª penetração na área do Igarapé Ipixuna". Altamira, 18 fev. 1971.

"Relatório ao chefe da Base Kararaô". Antônio Cotrim Soares, Altamira, 20 out. 1971.

"Base de Kararaô: Relatório do encarregado da Frente de Atração do Igarapé Ipixuna, sertanista Raimundo Alves". Altamira, 10 dez. 1973.

"Relatório da Frente de Atração do Igarapé Ipixuna". Sertanista Raimundo Alves". Altamira, 15 jul. 1974.

"Relatório da Frente de Atração Ipixuna" – sertanista João Evangelista de Carvalho, [s.d.] Referente ao período de 20 ago. 1976 a 16 jan. 1977.

"Diário da Frente de Atração Araweté", por João Evangelista de Carvalho. Cobre os períodos: 26 maio 1976 a 6 jun. 1976 e 27 jul. 1976 a 15 jan. 1977 (1º diário); 17 mar. 1977 a 4 jul. 1977 (2º diário); 1 set. 1977 a 17 nov. 1977 (3º diário).

"Segundo relatório do Projeto de Recuperação dos Asurini do Koatinemo". Proc. Funai/BSB n. 4473/78, Regina Müller, julho de 1979. (Esse relatório versa sobre a situação dos Araweté.)

"Eleição das Áreas Indígenas Koatinemo-Ipixuna-Bacajá (Grupos Indígenas Asurini-Araweté-Xikrin)". Relatório do GT criado pela Portaria Funai/627/E de 15 out. 1979, assinado por J. Jayme Mancin, Regina Müller, Salomão Santos, José Batista da Silva e Raimundo Alves.

"Relatório médico: índios Araweté, PIA Ipixuna". Frederico Ribeiro, Ipixuna, junho de 1981.

"O território araweté: relatório encaminhado à Funai em cumprimento a solicitação do órgão (rdg 769/DGO/82) para proceder eleição da AI Araweté". Eduardo Viveiros de Castro, Rio de Janeiro, 20 maio 1982.

"Proposta de demarcação das AI Asurini do Koatinemo, Araweté, Parakanã e Xikrin": relatório encaminhado à CVRD e à Funai por Lux Vidal, Eduardo Viveiros de Castro, Antônio Carlos Magalhães e Regina Müller, 18 nov. 1985.

"Relatório de viagem ao limite este da reserva indígena araweté – missão conjunta DFU/DPI", assinado pelo engenheiro florestal Ricardo Luiz da Silva Costa/4ª Suer-Funai, 18 abr. 1989.

"Relatório geral sobre acompanhamento, supervisão e apoio técnico dos trabalhos de abertura de picada (linha seca) leste dos pontos 03 e 04 da Área Indígena (AI) Araweté, no município de São Félix do Xingu". Flávio Ohashi. Chefe da Divisão Fundiária/4ª Suer-Funai, 24 abr. 1989.

Informação n. 003/SRN-89: localização de exploração de madeira nos limites da AI Araweté. assinada pelo engenheiro florestal Ricardo Luiz da Silva Costa/4ª Suer-Funai, 11 maio 1989.

"Relatório sobre a atuação do médico voluntário itinerante Aldo Lo Curto e da psicóloga Sara Azevedo, também voluntária, nas áreas indígenas do Mato Grosso e Médio Xingu, durante os meses de fevereiro e março de 1992". Belém, 18 mar. 1992.

"Uma nova proposta pedagógica para os índios arawetés". Sara Azevedo, Rio de Janeiro, 30 mar. 1992.

"Informe sobre duas viagens aos Araweté (AI Araweté/Igarapé Ipixuna), Administração Regional de Altamira". Eduardo Viveiros de Castro e Carlos Alberto Ricardo, Rio de Janeiro, [s.d.] (maio de 1992).

"Relatório odontológico do dr. Franco Talamona (Itália) e Cinzia Ferri (Itália)". Belém, 17 ago. 1992.

Outros documentos técnico-administrativos

Planta de delimitação da AI Koatinemo-Ipixuna-Bacajá. Funai, 3 dez. 1976.

Mapa em escala 1:250.000: "Áreas Indígenas Koatinemo-Ipixuna-Bacajá, Grupos Indígenas Asurini-Araweté-Xikrin". Funai, 2ª DR/PA, 1979. Proc. Funai/5499/79. (Mapa anexo ao Relatório do GT criado pela Portaria Funai/627/E de 15 out. 1979).

Portaria Funai/627/E de 15 out. 1979, que constitui GT para definição da AI Bacajá e estudos para interdição das AI Araweté e Asurini.

Projeto integrado dos Araweté (Funai/DGPC): redigido por Jeronymo Luisello Teixeira Vianna e Nadir Neri Vieira, a partir da Instrução Técnica Executiva n. 009/81-DGPC (26 jan. 1981) assinada por Ivan Zanoni Hausen.

Memorial descritivo de delimitação da AI Araweté/Igarapé Ipixuna. Funai, 5 abr. 1984. Área aprox.: 985.000 ha.

Planta de delimitação da AI Araweté/Igarapé Ipixuna. Funai, 26 abr. 1984. Área aprox.: 985.000 ha.

Informe Técnico n. 86/CTI/Mirad, de 29 set. 1986, por Rita Heloísa Almeida: sobre a AI Koatinemo e a proposta de demarcação contínua das terras Asurini, araweté, xikrin e arakanã.
Carta 003/Presi/414/86 (Funai, 28 out. 1986): Presidente da Funai submete à apreciação dos membros do GT Interministerial criado pelo Decreto n. 88.118/83 a proposta para demarcação da AI Araweté.
Informe Técnico n. 104/CTI/Mirad, de 2 nov. 1986, por Rita Heloísa de Almeida: Sobre a proposta de delimitação da AI Ipixuna-Araweté.
Convênio n. 005/88 de 16 set. 1988, firmado entre Funai e Convenção Batista Nacional. Sua cláusula 2ª, §2º menciona o envio de 2 missionários para a AI Araweté. Este convênio foi objeto da Portaria Executiva n. 1645/4ª Suer, de 30 nov. 1988, enviada à Adra. Esta portaria foi objeto do Parecer n. 003/Adra/4ª Suer/Funai/88, do administrador Antônio Pereira Neto (11 dez. 1988).
"Antecedentes do processo de exploração da madeira nas Áreas Indígenas Araweté e Apiterewa". Sem data (1992), assinado por Regina Célia Fonseca Silva, chefe da DFU/ADRBEL.

Documentos legais sobre o território

Parecer n. 132/86, do GT Interministerial criado pelo Decreto n. 88.118/83, reunião de 5 nov. 1986: aprova a delimitação da AI Araweté.
Portaria da presidência da Funai PP/4101, de 30 dez. 1987 (*Diário Oficial da União* [DOU] de 21 jan. 1988): interdita a AI Araweté /Igarapé Ipixuna.
Despacho da presidência da Funai n. 27 de 8 nov. 1991 (DOU, de 18 nov. 1991): aprova relatório de delimitação da AI Araweté-Igarapé Ipixuna e encaminha processo de demarcação ao Ministério da Justiça (conforme Parecer n. 014/CEA/91, de 11.9.1991, de Orília Maria Correa E. Nogueira).
Portaria do Ministério da Justiça n. 00254 de 28 maio 1992 (DOU, de 29 maio 1992): delimita a AI Araweté-Igarapé Ipixuna (Proc. Funai/BSB/2394/91) para fins de demarcação.
Despacho da presidência da Funai n. 17 de 25 jun. 1992 (DOU, de 7 jul. 1992): aprova relatório de delimitação da AI Trincheira Bacajá (1.655.000 ha., 710 km perímetro) e encaminha processo de demarcação ao Ministério da Justiça (conforme Parecer n. 018 / CEA/92, de 12 jun. 1992, de Gilberto Azanha).

Matérias jornalísticas ou de divulgação cultural

"Sertanistas encontram índios de olhos verdes, pele e cabelos claros". *Jornal do Brasil*, 17 jul. 1974.
"Artesanato mostra que índios pertencem à nação tupi". *Jornal do Brasil*, 23 jul. 1974.
"Técnicos explicam pele clara ipixuna". *Jornal do Brasil*, 18 out. 1974.
"Os últimos Tupi da Amazônia". Regina Müller, *Revista Geográfica Universal*, 71, pp. 26-43, 1980. [Republicado em *Atualidade Indígena*, 21, 1981.]

"Índios Parakanãs flecham sertanista". *O Liberal*, 25 fev. 1983.
"Chefe de posto é flechado". *Correio Braziliense*, 25 fev. 1983.
"A vingança dos índios no Xingu". *O Liberal*, 1 mar. 1983.
"Vingança, a morte de dois índios no vale do Xingu". *O Estado de S. Paulo*, 1 mar. 1983.
"Índios matam índios. Ataque de represália". *Folha Metropolitana (Guarulhos)*, 1 mar. 1983.
"Cr$ 12 milhões para chegar aos Parakanã". *O Liberal*, 2 mar. 1983.
"Sertanista tentará acalmar ânimo dos índios araweté". *A Província do Pará*, 2 mar. 1983.
"Funai encontra sérias dificuldades para atração de parakanans". *Diário Popular*, 2 mar. 1983.
"Vingança, a morte de dois índios no vale do Xingu". *Gazeta de Notícias*, 2 mar. 1983.
"Muita cautela para a atração dos parakanãs". *O Liberal*, 20 abr. 1983.
"Auaretes decapitam um parakanã em represália". *Tribuna da Imprensa*, 26 abr. 1983.
"Luta de índios faz quatro mortos". *Notícias Populares*, 26 abr. 1983.
"Índio fica com cabeça de índio como troféu da guerra de tribos". *Jornal do Brasil*, 27 abr. 1983.
"Conflito de índios". *Folha da Tarde*, 27 abr. 1983.
"Funai esclarece briga de índios Parakanan". *Tribuna da Imprensa*, 27 abr. 1983.
"O tempo do jabuti". Eduardo Viveiros de Castro, *Tempo e Presença*, n. 329, pp. 8-10, abril de 1988. [Republicado em *Aconteceu Especial*, 18 (Povos Indígenas no Brasil 1987/88/89/90 – Cedi), pp. 344-6, 1991.]
"Impacto de usinas é imprevisível" e "Índios sofrem com novas hidrelétricas". Liana John, *O Estado de S. Paulo*, 25 out. 1988.
"O provável fim das populações indígenas do Xingu". *O Liberal*, 4 dez. 1988.
"Xingu sob fogo cerrado". Carlos Fausto, *Boletim da Associação Brasileira de Antropologia*, 6, pp. 39-40, 1989.
"Invasão por convênio – os Araweté precisam de topógrafos e não de missionário". Eduardo Viveiros de Castro, *Aconteceu Especial*, 18 (Povos Indígenas no Brasil 1987/88/89/90 Cedi), p. 345, 1991. [Transcrição de carta do autor ao presidente da Associação Brasileira de Antropologia, de 17 jan. 1989.]
"Parakanã: madeireiras fazem o serviço da Funai". Carlos Fausto, *Aconteceu Especial*, 18 (Povos Indígenas no Brasil 1987/88/89/90 – Cedi), pp. 339-40, 1991.
"Índios araweté do Pará veem televisão pela primeira vez" e "Araweté esperam demarcação de reserva". Leão Serva, *Folha de S.Paulo*, 19 abr. 1992.
"Verdes tentam salvar mogno da Amazônia". Leão Serva, *Folha de S.Paulo*, 10 maio 1992.
"Madeireira 'seduz' índios em sede da Funai". Leão Serva, *Folha de S.Paulo*, 12 maio 1992.
"Mogno da Amazônia". Cartas dos Leitores, *Folha de S.Paulo*, 5 jun. 1992.
"Os bichos dos índios". Leão Serva, *Folha de S.Paulo*, 4 jul. 1992 (caderno *Folhinha*).

"Exploração do mogno". Carta dos Leitores, *Folha de S.Paulo*, 16 jul. 1992.

"Araweté". Signe Howell & Espen Wælhe, sobre texto de Eduardo Viveiros de Castro, in: *I urfolkenes regnskog/Peoples of the rainforest (Efe, Chewong, Araweté)*, pp. 40-7. Catálogo de uma exposição no Museu Etnográfico de Oslo. Oslo: Etnografisk Museum, Institutt og Museum for Antropologi.

"Arawaté, Chewong, Efe". Signe Howell & Espen Wælhe, *Program (SV-Fakultets Markering 1992)*, Oslo: 12-3.

"I urfolkenes regnskog". Signe Howell & Espen Wælhe, *Apollon. Tidsskrift fra Universitetet i Oslo*, nr. 4/1992 – 3. árgang: 10-3.

Araweté: visão de um povo tupi da Amazônia. Eduardo Viveiros de Castro e Carlos Alberto Ricardo, Catálogo de exposição multimeios, Centro Cultural São Paulo (8 out. a 8 nov. 1992). São Paulo: Cedi/Secretaria Municipal de Cultura de São Paulo, 1992.

"A crença, os sonhos e a tragédia dos Araweté". Leila Kiyomura Moreno, *Jornal da USP*, ano IV, n. 233, 26 out. a 1 nov. 1992.

"Araweté: as transformações e o futuro". Renata Barros Marcondes de Faria. *Povos indígenas no Brasil 2001/2005*. 1ª ed. São Paulo: Instituto Socioambiental, 2006, pp. 516-8.

Documentação visual

Arquivos fotográficos:

Fotos CNEC (s/a, 1976), Renato Delarole (1979), Eduardo Viveiros de Castro (1981-92), Carlos Alberto Ricardo (1991-2), Vicente Kubrusly (1992) e Murilo Santos (1991-2) no Arquivo de Imagens do Cedi-SP.

Fotos de Eduardo Viveiros de Castro (1981 a 1992), Carlos Alberto Ricardo (1991-2) e Murilo Santos (1992) no Institut og Museum for Antropologi/Etnografisk Museum, Oslo.

Vídeo: *Araweté: visão de um povo tupi da Amazônia* (20 min.). Direção e fotografia de Murilo Santos, Cedi-SP, 1992.

Referências bibliográficas

ALVES, Juliana Ferreira. *Fonética e fonologia da língua araweté: uma nova contribuição*. 81 p. Universidade de Brasília: Dissertação de Mestrado, 2008.

ARNAUD, Expedito. "Notícia sobre os índios araweté, rio Xingu, Pará". *Boletim do Museu Paraense Emílio Gœldi*, N. S. Antropologia. 1978, n. 71, pp. 1-20. [Baseado nos diários e informações pessoais de João Carvalho.]

_____. "Mudanças entre os grupos indígenas Tupi da região Tocantins--Xingu (Bacia Amazônica)". *Boletim do Museu Paraense Emílio Gœldi*, N. S. Antropologia. 1983, n. 84, pp. 1-50. [Republicado em: ARNAUD, Expedito. *O índio e a expansão nacional*. Belém: Edições Cejup, 1989, pp. 315-64.]

AZEVEDO, Sarah *et al. Studio dei sistemi eritocitari ABO, CDE, Kell e LEA nella tribú di indios Araweté del Brasile*. Canzo: inédito, [s. d.].

BALÉE, William. *Relatório final: pesquisa etnobotânica entre quatro grupos Tupi-Guarani, 1984-86*. Belém: inédito, 1986.

_____. *The Adaptation to Culture in Amazônia*. Belém: inédito, 1987.

_____. "Indigenous Adaptation to Amazonian Palm Forests". Príncipes – Journal of the Palm Society. 1988, 32(2), pp. 47-54.

_____. "Cultura e vegetação da Amazônia brasileira". Em: NEVES, Walter (org.). Biologia e ecologia humana na Amazônia: avaliação e perspectivas. Belém: Museu Paraense Emílio Gœldi, 1989, pp. 95-109.

_____. "The Culture of Amazonian Forests". Advances in Economic Botany. 1989, n. 7, pp. 1-21.

_____. "Evidence for the Successional Status of Liana Forest (Xingu River Basin, Amazonian Brazil)". Biotropica. 1990, 22(1), pp. 36-47.

_____. "People of the Fallow: a Historical Ecology of Foraging in Lowland South America". Em: REDFORD, Kent; PADOCH, Christine (org.). Conservation of Neotropical Forests: Working from Traditional Resource Use. New York: Columbia University Press, 1992, pp. 35-57.

BALÉE, William; MOORE, Denny. "Similarity and Variation in Plant Names in Five Tupi-Guarani Languages (Eastern Amazônia)". *Bulletin of the Florida Museum of Natural History, Biological Sciences*. 1991, 35(4), pp. 209-62.

CAUX, Camila B. P. de. *O riso indiscreto: couvade e abertura corporal entre os Araweté*. 280 p. Tese (doutorado) – PPGAS, Museu Nacional. Rio de Janeiro: UFRJ, 2015.

COMBÈS, Isabelle. "Être ou ne pas être. À propos d'Araweté: os deuses canibais d'Eduardo Viveiros de Castro". *Journal de la Société des Américanistes*. 1986, LXXII, pp. 211-20.

FARIA, Renata Barros M. de. "Araweté: as transformações e o futuro". Em: RICARDO, B.; RICARDO, F. (org.). *Povos indígenas no Brasil 2001/2005*. 1ª ed. São Paulo: Instituto Socioambiental, 2005.

_____. *Povos indígenas na Amazônia e o mercado de produtos florestais não madeireiros: efeitos no uso de recursos pelos Araweté*. 215 p. Dissertação (mestrado) – USP, São Paulo, 2007.

HEURICH, Guilherme O. *Música, morte e esquecimento na arte verbal araweté*. 325 p. Tese (doutorado) – PPGAS, Museu Nacional. Rio de Janeiro: UFRJ, 2015a.

LEITE, Yonne; VIEIRA, Marcia Damaso. "Observações preliminares sobre a língua araweté". *Moara* (9), 1998.

MILTON, Katharine. "Comparative Aspects of Diet in Amazonian Forest-dwellers". *Philosophical Transaction of the Royal Society of London* 1991, n. 334, pp. 253-63.

_____. "Impactos imediatos e futuros: os Araweté e os executores do Plano emergencial de Belo Monte". Em: GARZON, Biviany; AMORIM, Leonardo; LEITE, Letícia. (org.). *Dossiê Belo Monte:* não há condições para a licença de operação. 1ª ed.São Paulo: Instituto Socioambiental, v. 1, 2015b.

RIBEIRO, Berta. "Histórico do contato do povo Araweté". *Porantim*. nov. 1981, n. 34, ano IV, pp. 14-5.

_____. "Araweté: a índia vestida". *Revista de Antropologia*. 1983, n. 26, pp. 1-38.

_____. "Tecelãs tupi do Xingu". *Revista de Antropologia.* 1984-1985, n. 27-8, pp. 355-402.

SILVA, Ana Sousa da. *Propriedades fonéticas da fonologia segmental araweté (tupi).* Dissertação (mestrado) – UFPA. Belém, 2009.

_____; PICANÇO, Gessiane; RODRIGUES, Carmen Lucia Reis. "As vogais orais araweté". *Liames,* 10, 2010.

SOLANO, Eliete de Jesus Bararuá. *A posição do araweté na família tupi-guarani: considerações linguísticas e históricas.* Dissertação (mestrado) – UFPA. Belém, 2004.

_____. *Descrição gramatical da língua araweté.* 550 p. Tese (doutorado) – UnB, 2009.

TEIXEIRA, Cláudia Silva & VIVEIROS DE CASTRO, Eduardo. *Fitofisionomia da Área Indígena Araweté-Igarapé Ipixuna, Médio Xingu, Pará (Estudo Preliminar).* Rio de Janeiro: Cedi-PIB, inédito, 1992.

VIVEIROS DE CASTRO, Eduardo. "Os deuses canibais: a morte e o destino da alma entre os Araweté". *Revista de Antropologia.* 1984-1985, n. 27-8, pp. 55-90.

_____. "Escatologia pessoal e poder entre os Araweté". *Religião e Sociedade.* 1986, 13(3), pp. 2-26.

_____. *Araweté: os deuses canibais.* Rio de Janeiro: Jorge Zahar Editor/ Anpocs, 1986.

_____. "Os Araweté". Em: SANTOS, Leynad Ayer dos; ANDRADE, L. (org.). *As hidrelétricas do Xingu e os povos indígenas.* São Paulo: Comissão Pró-Índio, 1988, pp. 179-84.

_____. "Araweté". *Encyclopedia of World Cultures.* v. VII, South America (D. Levinson, series editor; J. Wilbert, volume editor). Boston: G. K. Hall & Co, 1991, pp. 55-8.

_____. *From the Enemy's Point of View: Humanity and Divinity in an Amazonian Society.* Chicago: The University of Chicago Press, 1992.

VIVEIROS DE CASTRO, Eduardo; ANDRADE, Lúcia M. M. de. "Os povos indígenas do Médio Xingu". Em: SANTOS, L. Ayer dos & ANDRADE, L. (org.). *As hidrelétricas do Xingu e os povos indígenas.* São Paulo: Comissão Pró-Índio, 1988, pp. 135-45.

ZORZETTI, Solange Amâncio. *Classificação da língua araweté.* Trabalho de Conclusão de Curso. UFPA-Altamira, 1998.

Todas as imagens são de autoria de Eduardo Viveiros de Castro, exceto: pp. 6 e 19 (Beto Ricardo); p. 15 (Marina Herrero); pp. 70 e 142 (Murilo Santos); pp. 152-3, 159, 164, 178, 181 e 185 (Guilherme Orlandini Heurich).

A imagem ao lado é de autoria desconhecida. Caso recebamos informações a respeito, elas serão incluídas na próxima edição.

Sobre os autores

Eduardo Viveiros de Castro
Etnólogo americanista, com experiência de pesquisa na Amazônia. Doutor em antropologia social pela UFRJ (1984). Pós-doutorado na Université de Paris X (1989). Docente de etnologia no Museu Nacional (UFRJ) desde 1978. Professor titular de antropologia social na UFRJ desde janeiro de 2012. Publicou cerca de 120 artigos ou capítulos de livros e dez livros. Cocoordenador da Rede Abaeté de Antropologia Simétrica (NAnSi), também baseado no Museu Nacional (UFRJ).

Camila de Caux
Bacharel em ciências sociais pela Universidade Federal de Minas Gerais (UFMG), mestre e doutora pelo Programa de Pós-Graduação em Antropologia Social do Museu Nacional (UFRJ).

Guilherme Orlandini Heurich
Bacharel em ciências sociais pela Universidade Federal do Rio Grande do Sul (UFRGS), mestre e doutor pelo Programa de Pós-Graduação em Antropologia Social do Museu Nacional (UFRJ).

© Cedi, 1992 – 1ª ed.
© Museu Nacional de Etnologia; Assírio & Alvim, 2000 – 2ª ed.
© Eduardo Viveiros de Castro, 2017
© Edições Sesc São Paulo, 2017
Todos os direitos reservados
1ª reimpressão: 2021

Preparação
Tulio Kawata – Editora Polis
Revisão
Andréia Manfrin Alves
Dida Bessana
Projeto gráfico, diagramação e capa
Dárkon V Roque
Clara Laurentiis

Dados Internacionais de Catalogação na Publicação (CIP)

C2795a   Castro, Eduardo Viveiros de
Araweté: um povo tupi da Amazônia
Eduardo Viveiros de Castro
Camila de Caux
Guilherme Orlandini Heurich

3. ed. revista e ampliada.
São Paulo: Edições Sesc São Paulo, 2016. – 228 p. il.: fotografias.

ISBN 978-85-9493-003-3
1. Índios no Brasil.
2. Povo Tupi.
3. Nação Araweté.

I. Título.
II. Castro, Eduardo Viveiros de.
III. Caux, Camila de.
IV. Orlandini, Guilherme

CDD 725.8

Ficha catalográfica elaborada por Maria Delcina Feitosa CRB/8-6187

Edições Sesc São Paulo
Rua Serra da Bocaina, 570 – 11º andar
03174-000 – São Paulo SP Brasil
Tel. 55 11 2607-9400
edicoes@sescsp.org.br
sescsp.org.br/edicoes
/edicoessescsp

Fonte	Rotis Semi Sans 3,75/4 mm
Papel	capa: Supremo Duo Design 300 g/m²
	miolo: Alta Alvura 120 g/m²
Impressão	Gráfica Maistype
Data	setembro de 2021